创富思维

余襄子 著

云南科技出版社
·昆明·

图书在版编目（CIP）数据

创富思维 / 余襄子著 . -- 昆明 : 云南科技出版社，
2024. 11. -- ISBN 978-7-5587-6028-0

Ⅰ . F713.55

中国国家版本馆 CIP 数据核字第 2024KV7126 号

创富思维
CHUANG FU SIWEI

余襄子　著

出 版 人：温　翔
责任编辑：叶佳林
特约编辑：郁海彤　刘明纯
封面设计：李东杰
责任校对：孙玮贤
责任印制：蒋丽芬

书　　号：ISBN 978-7-5587-6028-0
印　　刷：三河市嵩川印刷有限公司
开　　本：710mm×1000mm　1/ 16
印　　张：12
字　　数：170千字
版　　次：2024年11月第1版
印　　次：2024年11月第1次印刷
定　　价：59.00元

出版发行：云南科技出版社
地　　址：昆明市环城西路609号
电　　话：0871-64192752

前言

在现代社会，许多人都渴望能快速获得财富，但真正的财富积累并不是一个一蹴而就的过程。你应该将赚钱视为一种终生的状态，而不是一个短期的目标。

你需要认识到赚钱并不是一个孤立的目标，而是与你的生活息息相关的。在快节奏的生活中，许多人追求短暂的快乐和快速的成功，这种追求在我看来就像是捡了芝麻而丢了西瓜。只有通过不断地捡到一个又一个的西瓜，你才能更从容地过好这一生。因此，你应该将赚钱视为一个持续不断的过程，而不是一次性的事件。

正如有句话说："财富不是目标，而是一种生活方式。"这句话深刻地揭示了财富的本质。如果你仅仅将财富视为一个目标，那么你可能会为了达到这个目标而精疲力竭。但是，如果你将财富视为一种生活方式，那么你会更容易地实现它。

要实现这种生活方式，你需要改变你的思维方式。首先，你应该将赚钱视为一个长期的过程，而不是一个短期的目标。这意味着你需要有耐心和毅力，不断地学习和提升自己的技能，以适应不断变化的市场环境。其次，你应该关注长期的大利益，而不是眼前的小利益。这意味着你需要有远见和战略思维，能够看到未来的机会和挑战，并为之做好准备。最后，你应该将赚钱视为一种生活方式，而不是一个目标。这意味着你需要将赚钱融入你的日常生活中，让它成为你生活的一部分，而不是将它作为一个独立于生活之外的追求。

当然，要实现这种生活方式并不容易，最重要的还是要改变你的底层思维。

本书便是这样一本可以改变你底层思维的书。认知决定了你的态度，态度可以增长你的见识，见识多了便会拥有格局，格局大了才能真正带来可持续性的财富。当然，在这个过程中，你还需要一些工具，这些工具主要服务于你的大脑。有了这些，其实还不够，因为你还要行动起来，大脑空转并不会带来任何财富。最后，你要追求成事，而不仅仅是成功。

我并不会直接告诉你要如何赚钱（比如怎么投资、如何当老板），因为我知道"授人以鱼不如授人以渔"，我要告诉你的是思考的维度，而不是具体的"术"。我相信，只要你的思考能力得到了提升，那么在未来，无论面对怎样的局面，你都会自有一套应对方法。

守株待兔的故事我们都耳熟能详，那么在积累财富的道路上，我希望你不要成为这个寓言故事中的主人公。

目——录

第八章
行动——让每一个行动都看得见 / 146

第九章
成事——收获果实，努力不白费 / 166

第一章

预前——开始前我想告诉你的事

➤ 获取财富是系统思维，而非线性思维 ≪

世人皆知，钱难赚，财富积累不容易。

事实也的确如此。

很多人觉得自己赚不到钱，手中的财富没有实现积累，是因为自己没有遇到好机会，或者是自己能力不行，这辈子也就只能这样了，混个温饱就够了。

实际上，钱难赚的真正原因是，赚钱是一种系统思维，而非简单的线性思维。换句话讲，你有的时候只是把世界想得太简单了，就像有些人认为，自己找不到好工作只是因为自己学历不够，如果学历再高点，就能找到好工作。

有一个现象曾经让很多人感到困惑，那就是在面试过程中，很多公司都要求面试者具备大学英语四级考试（CET-4）或六级考试（CET-6）的通过证明，甚至将其作为一个明确的招聘条件。然而，众所周知，英语只是一门工具性语言，而且实际工作大多与英语并无直接关联。这引发了许多人的疑问：如果是外企或者涉外企业，要求面试者通过英语四、六级考试似乎可以理解，因为这些公司的工作内容可能会涉及英语。但对于那些主要使用中文进行工作，且工作内容与英语毫无关联的岗位，为何仍然要求面试者通过英语四、六级考试呢？

其实要理解这一点并不难，因为企业并不是只看表面——英语四级或六级成绩，而是想通过这个考试的结果来大致判断一个人是否有责任心。一个大学生在大学的时候有没有认真读书，是学到了东西还是只是在大学里面混日子、混个文凭，其实从大学的英语四、六级考试中就可以间接地看出来。

因为对于文科生来讲，其实很难通过考试成绩来判断这些，那么大学英语考试就可以作为一个判断的基准。一个人的英语四、六级都通过了，那么企业至少可以判断出此人在大学期间有认真学习，而不是滥竽充数，来到企业之后，大概率也是会尽职尽责的。对于理科生来讲更是如此，有些人认为，学理科的，英语不重要，英语再好对专业课也没有任何作用。这里先不论要看懂世界前沿的理科论文，需要一定的英语阅读与理解能力。最主要的是，当大部分人认为理科和英语无关时，一个理科生拿出了一份漂亮的英语成绩单，至少企业可以因此判断出此人从大概率来讲具有一定的学习能力。无论是尽职尽责还是学习能力，对于一家企业的员工来讲，都是一种好品质。

这背后反映出来的就是系统思维和线性思维，简单来讲，系统思维和线性思维是两种不同的思维方式，它们在处理问题和决策时有着根本的区别。

系统思维这种思维方式强调的是元素之间的相互作用和整体联系。这种思维方式认为，要解决复杂问题，需要理解问题的各个方面及其之间的关系，而不仅仅是寻找单一的原因。系统思维能够帮助你更好地理解复杂系统的运作机制，从而在管理、决策和问题解决等方面作出更加有效和全面的判断。

与系统思维相比，线性思维这种思维方式体现的是一种直接的因果逻辑。它认为每个结果都有一个明确的原因，通过解决这个原因就可以解决问题。这种思维方式简单直接，适用于一些简单或直接的问题，如手机没电了就去充电、打印机没纸了就往纸盒里加纸、手机屏幕碎了就换一块屏幕，或者用 75 元钱买 3 杯咖啡。然而，对于更加复杂和多变的问题，线性思维往往无法提供行之有效的解决方案。更为严重的是，它会让人失去深度思考的可能，就像一个笼子，将人永恒地困在当下。

一个人若是长期用线性思维看世界，将世界看成简单的因果关系的叠加，那么无论是成功还是财富，都将离他越来越远。

≫ 玻璃心是通往财富之路的最大杀手 ≪

通往财富的道路上，挫折与失败在所难免，若是我们遇到一点挫折就玻璃心，那自然就与财富无缘了。

通往财富之路，需要智商（IQ），需要情商（EQ），当然也需要逆商（AQ）。

我们常常将"自尊心强"与"高自尊"混淆，错误地认为玻璃心是高自尊的标志。然而，实际上，这恰恰是低自尊的表现，也就是我们常说的"自卑"。

那些内心感到自卑的人，他们的自尊心往往异常强烈。这是因为他们的能力和自尊需求之间存在着一种反比关系：当他们的能力越低，他们就越渴望得到他人的认可和肯定。这种对得到他人认可和肯定的执着，往往让他们忽视了自己也能为他人带来价值的事实。如果一个人总是试图通过获得别人的点头来认可自己，那么这样的人在事业上很难有真正的成就，财富也就会离他越来越远。

在追求财富的道路上，有的时候需要激发出个人的潜能。因为财富更青睐于那些勇敢且具有智慧的人，而玻璃心的人由于过于关注别人的评价，反而会忽视自身的能力与潜能。

首先，从心理承受能力的角度来看，玻璃心现象表明个体在面对挫折和压力时容易产生过度的负面反应，这可能会影响其决策和行动的效率。在竞争激烈的财富之路上，能够快速适应变化、从失败中学习和恢复的能力是至关重要的。因此，心理承受能力较弱的人可能在面对挑战时更容易放弃或做出不理智的决策或行动，从而影响其事业的发展。

其次，从自律和自控的角度来看，能够有效地管理自己的情绪和行为是实现长期目标的关键，也是获取财富的重要因素之一。自律的人通常能够更好地控制自己的情绪，在面对困难和挫折时能保持冷静和专注，在面对机会时也能够冷静沉着，不会被表面的好运冲昏头脑。这种能力不仅有助于个人在职业生涯中保持稳定的表现，还能增强其在团队中的领导力和影响力。

再者，从人际关系的角度来看，玻璃心会影响个体与他人的互动和沟通。比如在职场中，有效的沟通和协作是成功的关键因素之一。如果一个人因为担心批评或失败而变得过于敏感，会尽量避免与他人分享想法或寻求反馈，这可能会限制其成长和发展。相反，能够接受并利用反馈的人更有可能改进自己的工作并获得他人的支持。

最后，从个人成长的角度来看，玻璃心会阻碍个体面对挑战和克服困难的意愿。每一次失败都是向成功迈进的一步，每一次挫折都是学习和成长的机会。如果一个人因为害怕失败而避免尝试新事物或承担风险，那么他可能会错过许多宝贵的学习和成长的机会，从而失去未来获取财富的可能。

简而言之，自卑的心理会让一个人总是希望通过他人的认可和肯定来获得一种优越感，以此来填补自己内心的空虚和不足。当这种需求得不到满足时，你可能会觉得周围的环境过于苛刻，比如老板过于无情、同事过于刻薄。你甚至会认为，只要换一个工作环境，就能改变这一切。但实际上，这种思维方式不仅不能真正解决问题，反而可能会让你陷入更深的自卑和不满中。你会对外界抱有更多的敌意，而这种敌意会把你困在一个"囚笼"之中，也会让你逐渐丧失合作能力。在追求财富的道路上，你需要与他人合作，需要与他人分享与沟通，若是一个人的眼睛只盯着别人如何看他，反而是舍本求末。

一旦陷入这种自卑与急需获得别人认可的恶性循环中，一个人的大部分精力和时间都会耗费在这些事情上，而这也就是我们常说的精神内耗。

每个人的精力与时间都是有限的，在这上面耗费过多精力和时间，那么在其他方面显然就会力不从心。

玻璃心，从一开始就将你挡在了财富之门的外面。

➤ 奇迹思维是阻碍你成功的魅惑 ◄

你是否曾经幻想过，有一天幸运女神降临到自己身上，然后买张彩票从此实现财富自由？你是否也曾想象过，哪一天得到贵人提携，从此平步青云，无往不胜，成为业内大咖？

如果你现在还是如此想，那我就要提醒你一句，最好抛弃这些不切实际的幻想，因为这对于你的成功与未来并没有任何实质性的帮助，反而有害。因为这是一种奇迹思维，它会让人变得懒惰、不思进取，甚至活在一个假想出来的世界中。

简单来讲，奇迹思维是一种相信好事都可能发生在自己身上，而且应该发生在自己身上的思维方式。这种思维方式会让我们对奇迹的稀有程度评估不足，过于乐观地期待好事的发生，而忽视了实际发生的可能性和困难。这种思维方式通常缘于对成功案例的片面理解，忽略了成功背后的复杂性和不确定性。

虽然说这个世界上存在奇迹，正如那么多买彩票的人，总会有一个中大奖的。但只要我们仔细思考一下就会发现，这样的概率极低。因此，我并不是让你不要相信奇迹，认为任何奇迹都是虚假的，而是希望你别指望奇迹。

如果你过于相信奇迹，那么你的价值观很可能在无形中被扭曲。你会觉得赚钱是一件再容易不过的事，你会低估很多事情的难度，从而产生认知失调。比如，你会过分相信运气和机遇，将更多的时间与精力花在这种事情上，认为"只要做了某件事……"或者"只要认识某个人……"，事情自然就会办成，从而忽略了个人的努力与勤奋。

再者，奇迹思维还会让你的决策产生偏差。当你在决策的过程中，你会对未来过于乐观并低估风险，你会因为一些不切实际的幻想而做出盲目的决策，忽略了潜在的风险与挑战。比如，当你对市场过于乐观的时候，你会大量购买某项资产，你购买资产的缘由并非出于细致的研究与考量，而是粗浅的认识。你或许会觉得，这里面没有风险，或者觉得自己是一个幸运儿，就算有风险也不会砸到自己头上。

但是，你想过没有，有多少人自信满满地进入市场，认为自己是最聪明的、是幸运的，不可能成为那个"接盘侠"，然而绝大多数的实际情况却是在打脸。

要想实现财富的积累与自由，最主要也最可靠的还是基于个人的努力与奋斗，古今中外那些获得巨大成就或能登上福布斯榜的，没有一个是只靠奇迹思维就发家致富的。

很多人看成功学的书籍或名人传记，看着看着就把自己看得热血沸腾，以为自己要是身处他们那个环境和时代，做出来的成就要比他们高。诚然，拥有自信，时不时给自己打打气是必要的，但很多时候这种"必要药品"要限定在一定程度，千万别过了头。

试问，如果让你穿越回三十年前，你拥有"事后诸葛亮"的视角，你能像那些成功人士那样打造一个商业帝国吗？纵使给你超前的时代信息，你大概率还是会和从前的自己一样。你拥有的那些知识和趣闻，最多只是饭桌上的话题，但无法指导自己的方向。因为，你过于关注时代与机遇，却忽略了个人的天赋与才能。

正如本章第一节所述，这个世界不是简单的线性世界，不是简单的"只要 A，就能获得 B"的因果世界。

那么如何避免自己陷入奇迹思维的陷阱呢？

其实，只要你意识到了这点，你就已经成功了一半。你可以相信奇迹，但不要指望奇迹，正如天上不会掉馅饼一样，任何财富的创造与积累，都需要个人的努力与勤奋。

≫ 懂一点科学思维，事半功倍 ≪

你觉得科学思维中最重要的一点是什么，是其严谨的逻辑性，还是其完整的系统性？科学思维与财富之间又有着怎样的联系呢？

我们不妨来举一个例子。假设在很早以前，那时候的人类还处于原始状态，并没有多少科学思维。有一个原始人在某天跪在地上，朝天空拜了拜，没过一会儿，天就下雨了，整个部落都获得了充足的水资源。于是，这个原始人认为是自己跪下来拜天的动作使天空下雨了。

很显然，在今天的我们看来，这个原始人的想法是愚昧的。然而，我想说的是，先别急着嘲笑这个原始人，因为很多现在的人在思考的本质上和他并没有明显区别。

想想，是不是很多人在谈到财富的时候，都有点稀里糊涂的呢？比如，有人通过副业赚了一笔钱，他甚至都不知道是哪些因素使自己赚了钱，以及如果改变某些变量，自己是会赚得更多还是更少。

其实要厘清这里面的逻辑，就需要科学思维，这也回到了一开始的那个问题：科学思维中最重要的一点是可证伪性。

什么是可证伪性呢？比如在职场上，小王有一个猜想，只要每天至少加班三个小时，那么半年后自己就能升职加薪。假设小王真的这么做了，半年之后，他果然升职加薪了，那么他的想法就是正确的（至少目前来看是正确的），如果没能升职加薪，还和以前一样，那么他的想法就是错的。

这个道理很简单，但若是换一个场景，很多人就迷糊了。比如在股市中，碰上牛市的时候，这些人会认为自己就是股神，赚钱就是自己能力强；碰上熊市的时候，这些人就会认为股市就是"割韭菜"的，自己的钱被庄家骗走了。

这种思维方式与开头提到的原始人并无太大区别。那么，正确的做法应该是什么呢？正确的做法应该是综合考虑可能会影响股价的所有因素。这些因素包括但不限于公司的基本面、行业趋势、宏观经济环境、政策影响等。通过对这些因素的全面分析，判断出哪些因素和股价之间是正相关关系、哪些是负相关关系。

至少，你要能判断出哪些才是影响股价的重要因素。正如原始人应该知道，天下雨是受大气环境、地理环境与气候环境等因素的影响，而与自己跪地拜天的行为没有关系。

总之，你赚的钱得有可追溯的条件与数据，不然就是自己也不知道怎么赚到钱的，那就只能赚到小钱。因此，不要稀里糊涂地赚钱，而应该运用科学思维来回顾自己的赚钱经历。

首先，你需要回顾自己的赚钱经历，这包括了解自己的收入来源、支出情况以及储蓄和投资计划。通过记录和分析这些信息，你可以更好地了解自己的财务状况，以及做出相对妥当的决策。

其次，你要能分析判断出哪些因素是自己的努力、哪些是"风口上的猪"。这意味着你要识别出自己在赚钱过程中所付出的努力和所取得的成就，同时，也要意识到有时候赚钱并不是完全依靠个人的努力，而是受到了市场环境和其他外部因素的影响。通过分析这些因素，你可以更加清晰地了解自己的优势和不足，从而更好地发挥自己的潜力。

最后，科学思维也可以帮助你在回顾赚钱经历时进行逻辑推理和数据分析。通过对过去的财务数据进行分析，你可以发现赚钱的模式和趋势，从而预测未来的赚钱机会。此外，科学思维还可以帮助你识别出潜在的风险和机会，从而做出更加明智的投资和理财决策。

≫ 有意提升自己的阈值，扫清周围的障碍 ≪

小时候的你，可能一根棒棒糖就能让你开心一整天；但现在的你，哪怕十根棒棒糖也无法让你获得满足。

互联网上曾流传一个段子：小时候自己最大的愿望就是每天都能有一百块钱，结果长大后，这个愿望终于实现了——月薪三千，但自己却怎么也高兴不起来，完全没有一种小时候的愿望得以实现的满足感。

有人可能会认为，这是因为小时候的自己没见过世面，要是见过世面，肯定不会有如此单纯而又清澈的想法。

其实，这并不是主要原因，最主要的原因是你的心理阈值变高了。

心理阈值就是临界值，也就是释放一个行为反应所需要的最小刺激强度。

心理阈值也被称为心理门槛，是指个体在特定情境下所能接受或容忍的某种刺激或压力的最大强度。这个概念源自心理学领域，主要用于描述和解释个体对于外界刺激的反应程度和范围。

具体来说，当一个外部刺激（如声音、光线、温度等）达到一定数值时，个体可能会感觉到不适或痛苦，这个数值就是心理阈值。不同的人对于同一刺激的心理阈值可能会有所不同，这取决于多种因素，包括个体的生理状况、心理状态、社会经验、文化背景等。

举个例子，比如，小王住在机场附近，刚开始他会觉得周围的环境很嘈杂，但过了一阵子之后，他可能也就习惯了。他对机场噪声的心理阈值变高了。

有了这个概念之后，我想告诉你，为了让我们能够在未来尽可能地获得更多的财富，请尽量远离短视频与各种爽剧。

在当今社会，互联网的迅猛发展为人们带来了前所未有的信息获取和娱乐的方式。然而，随之而来的是各类短剧在网络上的泛滥。这些短剧数量众多，质量却参差不齐，其中大部分是供人消磨时间的，并没有多少实质性的帮助。

首先，我们不得不面对的一个事实是，如今的互联网充斥着各类短剧。这些短剧往往以轻松、搞笑、刺激等元素为主，吸引着大量观众。然而，这些短剧往往缺乏深度和内涵，无法给人们带来真正的思考和启示。它们更像是一种消遣，让人们在忙碌的生活中找到一丝轻松和乐趣。

其次，这些短剧中的大部分内容对人并没有任何实质性的帮助。它们往往只是简单地追求娱乐效果，而忽略了对观众的教育和引导。这使得观众在观看这些短剧时，很难从中获得有益的知识和经验。相反，他们可能会因为沉迷于这些短剧而忽视现实生活中的重要事物，从而影响自己的生活质量和工作效率。

再者，一旦看久了爽文和爽剧，你对整个世界的心理阈值就会变高。这是因为这些爽文和爽剧往往以夸张、离奇的情节和人物形象来吸引观众，使得观众在观看的过程中产生强烈的情感共鸣和满足感。然而，这种满足感往往是短暂的，一旦观众回到现实生活中，他们可能会发现自己对现实世界的期待和要求也随之变高。这可能导致他们对现实生活中的事物产生不满和失望情绪，从而影响自己的心态。

我有一位朋友，他之前通过短视频一个月赚了不少钱，比他上班的死工资要多。但他做了两个月之后就不做了，我问他原因。他说："赚钱太难了，辛辛苦苦一个月，才赚了三万多。"

我一听"三万多"，问道："一个月三万多不是挺好的吗？赚钱本来就难，尤其是前期。"

他说："三万多算什么呀？人家一个月轻轻松松几十万，甚至上百万。"

后来我得知，我朋友之所以会有这种感觉，正是因为他短视频刷多了，对金钱的心理阈值变高了。的确，短视频有的时候为了传播与流量，会刻意夸大某一个因素，尤其是铺天盖地的广告，更会让人觉得这个世界到处都是金子，随处都可以捡得到，轻轻松松月入百万不是梦。

然而，这真的只是一场梦，是一种错觉。

所以，在通往财富之路上，我希望你尽可能地保持对这个世界的合理期望，无论是手里的一分钱还是一毛钱，你都要认真对待。你赚到的每一笔钱，无论是多还是少，都不要和互联网上的人进行比较，以免养成"眼高手低"的坏习惯，这并不利于你在今后获取更多的财富。

➤ 永远不要忘记读书 ◄

作为沃伦·巴菲特的长期合作伙伴和伯克希尔·哈撒韦公司的前副董事长——查理·芒格曾说："我这辈子遇到的聪明人（来自各行各业的聪明人）没有不是每天阅读的——没有，一个都没有。沃伦读书之多，我读书之多，可能会让你感到吃惊。我的孩子们都笑话我。他们觉得我是一本长了两条腿的书。"

无论何时、何地，读书终究有着它自身的意义，尤其是对于不断上进并追逐财富积累的你来说，更是如此。在信息交流不便的过去，书籍是人们获取知识的重要途径之一。然而，随着互联网的发展，获取书籍的成本大大降低，这既方便了我们，同时又给我们带来了一个困扰：现在还需要读书吗，网络上的海量信息是否已经足够了呢？

当然要读！尽管网上的信息丰富多样，但它们往往是碎片化的，只能起到辅助作用，无法替代书籍带来的深度阅读体验。高尔基曾说："书籍是人类进步的阶梯。"虽然我们普通人可能无法达到这样的高度，但由于个人的精力和阅历有限，书籍就成了我们打开世界的另一扇窗。

读书是一项成本很低的活动，收益却非常高。通过阅读，你可以拓宽视野、增长见识、提升思维能力。无论是在个人成长还是职业发展中，读书都是一种不可或缺的投资。因此，读书是一件值得长期去做的事情。

读书能够显著丰富个人的知识储备和提升认知能力，这对于个人的职业发展和收入提高具有至关重要的作用。

读书是一种获取知识和信息的重要途径。通过阅读，你可以接触到各领域的知识，如科学、技术、文化、历史等。这些知识不仅能够丰富你的视野，还能够帮助你更好地理解世界和解决问题。在职业发展中，具备广泛的知识储备是非常重要的，因为它使你能够适应不同的工作环境并能应对各种挑战。

此外，读书还能够提升你的认知能力。通过阅读，你可以培养批判性思维，提高辩证分析问题的能力。这些能力对于职业发展来说至关重要，因为它们能够帮助你更好地理解和解决工作中的问题，提高工作效率和质量。同时，读书还能够培养你的创造力和想象力，这对于你在工作中提出创新的想法和解决方案非常重要。

在职业发展中，具备丰富的知识储备和强大的认知能力将使你更具竞争力。雇主通常会寻找那些具备广泛知识和解决问题能力的候选人，因为这意味着他们能够更好地适应工作环境并为公司创造更多价值。因此，通过读书不断丰富自己的知识储备和提升认知能力，你将更有可能获得更好的职业发展机会和更高的收入。

同时，读书也是一种非常有效的学习方式，它能够帮你拓宽视野，比如了解各种投资理财方式。通过阅读，你可以接触到更多的信息和知识，从而更好地理解投资理财的本质和运作机制。

金融市场存在着各种各样的投资理财产品，如股票、债券、基金、期货等。每种产品都有其独特的风险和收益特点，适合不同投资者的需求。通过阅读相关的书籍、文章或研究报告，你可以了解这些产品的基本概念、运作方式以及优缺点，从而更好地选择适合自己的投资产品。

此外，阅读还可以帮助你了解投资理财的趋势和市场动态。金融市场是一个不断变化的环境，会受到各种因素的影响，如经济状况、政治事件、技术创新等。通过阅读相关的新闻、报告或专家分析，你可以及时了解市场的最新动态和趋势，从而做出更加明智的投资决策。比如，如果某个行业或公司出现了重大利好消息，你可以通过阅读相关的报道来获取信息，从而提前布局，抓住投资机会。

最后，读书还可以帮助你培养投资理财的思维和技能。投资理财是一门需要不断学习和实践的技能。通过阅读相关的书籍、文章或成功投资者的经验分享，你可以学习到他们的投资理念、策略和方法。这些知识和经验可以为你提供指导和启示，帮助你在投资理财中更加理性和专业地做出决策。

≫ 定期复盘，让自己始终在路上 ≪

"复盘"这个词最初源于古老的围棋领域，它的基本含义是指在一场棋局结束之后，参与者会再次在棋盘上重现整个对弈的过程。这一过程不仅仅是简单地重复之前的步骤，而是一种深入的反思和分析。他们会仔细回顾每一步棋的落子位置，思考当时的思路和策略，评估自己的表现，找出自己的优点和不足。

在这个过程中，他们会特别关注那些下得特别好的着数，试图理解为什么这些着数能够带来优势或者转机。同时，他们也会审视那些下得不够好的着数，反思为什么会犯下错误，是因为过于急躁、判断失误还是其他原因。这种自我剖析有助于他们在未来的对弈中避免类似的错误，提高自己的棋艺水平。

除评估自己的表现外，复盘还涉及对整个对弈过程的思考和探索。参与者会尝试思考是否有其他不同的下法，甚至是更好的下法，可以起到改变局面或者达到更好的效果。这种思考不仅有助于发现自己的局限性，还能够拓宽思路，提高对棋局的理解和应对能力。

如今，"复盘"一词已经不仅局限于围棋界，各行各业都在用这个词。无论是个人的成长还是财富的积累，定期复盘将有助于你更有效率地抵达目的地。

人类的学习途径与方式是多种多样的。根据来源，我们可以将其分为从自己学习和向他人学习两大类。

从自己学习主要依赖个体对自身经历的事件进行反思和复盘。通过回顾过去的经历，你可以从中获取信息，并对这些信息进行加工处理。这种方式可以帮助你更好地理解和掌握知识，因为每个人都有独特的经验和见解，通过自我反思和复盘，你可以更深入地了解自己的学习需求和不足。

除复盘之外，从自己学习还包括其他一些方式和来源。比如顿悟，顿悟是指在特定情境下突然领悟到某个问题或概念的本质。这种顿悟可能来自个人的思考、观察或与他人的交流，它可以帮助我们突破思维的局限，获得新的认识和理解。另外，创新性的涌现也是从自己学习的一种方式，如 U 型理论所提到的。通过深入地思考和反思，你可以产生创新的想法或想到解决问题的方法。

另一方面，向他人学习也是一种非常普遍和熟悉的学习方式。这种学习方式主要包括通过阅读前人总结出来的教科书、案例或经验教训来获取知识和经验。教科书是经过专家整理和总结的系统知识，通过学习教科书，你可以快速掌握某一领域的基础知识和理论。案例和经验教训则是他人在实践中积累的宝贵经验，通过学习这些案例和经验教训，你可以避免重复他人的错误，并借鉴成功的经验来指导自己的实践。

复盘的优点是可以兼顾向自己学习和向他人学习的，它的本质是从过去的经验中学习，你可以将自己的经验与其他优秀的人做对比，看看如果遇到类似的情况，其他优秀的人会怎么做，如此才能不断精进自己，更有效率地实现财富的积累。但不同的人对"什么是学习"有着不同的理解。有些人认为获取一些知识或信息就是学习，而有些人则将培训、听讲等具体形式视为学习。然而，在我看来，真正的学习不仅仅是获取知识或信息，还能够获得启发和见解，提升自己的见识和能力，从而提高个人的有效行动能力。

学习是一个"知行合一"的过程，不仅要从经验中获得教训，更要将这些教训落实到行动中，提高未来行动的能力和表现。正如人们常说的"实践是检验真理的唯一标准"，只有将学习过的内容应用到实际行动中，才能验证其有效性并改进提高。因此，学习的出发点和落脚点应该是提高行动的有效性，这才是学习的根本目的。

《荀子·儒效》中也提到了类似的观点："学至于行而止矣。"这句话意思是：只有真正理解和掌握知识，才能指导自己的行动；只有能够践行所学，才算是完整或真正的学习。

因此，在进行复盘时，你也应该注重行动的改进，而不仅仅停留在明白"这样做不对"的阶段。你不能仅仅做一些所谓的"推演"或假设就满足于完成复盘，而必须跟进和落实，观察后续的行动是否更加有效。这才是检验复盘质量的关键要素。

≫ 坚持运动，长寿才是真道理 ≪

我们的预前阶段即将结束，在本章的最后，我要告诉你，无论未来如何，是实现了财富的积累还是遇到了挫折、失败甚至破产，有一件事你必须坚持，那就是运动。

众所周知，运动是一种保持身体健康和预防疾病的重要方式，它能够增强我们的免疫力，提高身体的抵抗力。正如俗话所说的"留得青山在，不怕没柴烧"，健康的身体是我们追求美好生活的基础。

无论你今后遇到什么困难，只要你拥有健康的身体，就有机会重新开始。同时，你也要珍惜生命，避免过度劳累和不良的生活习惯，以免陷入"有命赚钱却没命花"的困境。因此，你应该重视运动锻炼，保持健康的生活方式，让身体成为我们实现梦想和目标的坚实后盾。

运动能够增加大脑中多巴胺和去甲肾上腺素的浓度。这两种激素在大脑中扮演着重要的角色，它们能够提高人的警觉性，使人更加敏锐地感知周围环境。同时，它们还能增强人的注意力，使人更容易集中精力完成任务。

像跑步这样能让心率加快的运动，更是能够刺激大脑自动分泌多巴胺和去甲肾上腺素。当人在跑步时，身体会加速血液循环，将更多的氧气和营养物质输送到大脑，从而激发大脑的活力。这种运动不仅能够让你感到愉悦和兴奋，还能够让你更好地应对工作和生活中的压力。

此外，运动还能加强脑神经细胞的生长和连接。研究表明，长期坚持运动的人，其大脑中的神经细胞数量和连接都会比不运动的人更多、更紧密。这意味着他们的学习能力、记忆力和思维能力都可能更强。而且，运动还有助于改善大脑的默认模式网络和任务积极网络之间的连接，这对你处理复杂任务和解决问题都有很大的帮助。

运动被视为对健康和寿命最有效的干预手段，其效果甚至超越了任何药物或其他干预措施。在三国时期，司马懿之所以能笑到最后，很重要的一个原因在于他太能活了，将对手全都熬死了。一个 40 岁就英年早逝或疾病缠身的人和一个活到 80 岁还活蹦乱跳的人，谁更有可能积累更多的财富，相信各位也能不假思索地给出答案。

中等强度的有氧运动不仅有助于减肥，还能全面提升身体的综合健康状况，为进行其他活动提供必要的耐力基础。

可能对于一些已经实现财富积累的人来说，要坚持运动实在太难了，因为他们每天都有忙不完的事。

我想说的是，很多事情其实都可以放一放，唯有生命与运动不可辜负。而且，运动的关键在于要保证足够的运动时间：对于年纪较大或刚开始锻炼的人来说，每周两次，每次 30 分钟就已足够有益；对于有一定运动基础的人，每周四次，每次 45 分钟则能取得更好的效果。

具体的训练方法并不是最重要的，真正重要的是运动的强度以及针对的训练指标。在运动中，你应该重点关注三个核心指标：心肺功能、肌肉力量和身体的稳定性。通过合理规划运动计划，你可以有效地提升这些指标，从而获得更健康、更长寿的生活。

要知道，一个健康的身体是财富积累的载体。

第二章

认知——创富之路的顶层设计

≫ 你真的懂一万小时定律？ ≪

很多人都听说过"一万小时定律"，这一理论最早由瑞典心理学家安德斯·艾利克森提出，并在马尔科姆·格拉德威尔的畅销书《异类》中被广泛传播。

根据这个定律，要想在某个领域达到专家级别，需要投入大约一万小时的刻意练习。这里的刻意练习指的是有目的、有计划、有反馈地训练，而不仅仅是简单地重复。这种练习方式可以帮助个体在特定领域内不断提高，最终达到高水平的表现。

需要注意的是，很多人都对这个理论有误解。首先，该理论并不是说一个人只要在某项技能上花费一万小时就一定能成为大师。如果我们将成为大师视作个人的成功或获得足量财富的标准，那么"花费一万小时"只是"成功"的必要条件，而非充分条件。这也就是说，就算你花费了一万小时，甚至更多，你也未必一定能成功。因为决定一个人成功的因素有很多，比如，个人的天赋、家庭的环境和时代的发展趋势等。

这也就相当于一个学生就算是努力学习，在期末考试的时候也未必一定能考进年级前十。但我们要知道，任何理论都不会是百分之百的。正如在第一章中我们所说的，这个世界并非简单的线性关系，而是系统性关系。但无论怎么说，对于一个学生来讲，要想在期末考试中取得好成绩，努力学习虽不能保证成功，但却是一个最好的办法。关于"一个人就算很努力，最后也没有取得成功"一事该怎么办，我会在后面的章节阐述。

其次，很多人对一万小时也有误解。我们以上班为例，一个人每天工作 8 小时，一周工作 5 天，一个月工作 21.5 天，那么一个月就是172 个小时。要凑满一万小时，则需要约 5 年的时间。如果一万小时定律靠谱的话，那么一个人只要工作 5 年，大概率就能成为这个领域的大师了。事实是这样吗？

我们只要看看周围，就会发现显然不是这样。

这里所说的"一万小时"，并非简单地将工作重复一万个小时。很多人在职场上常年没有得到升迁，能力也没有得到提升，就在于他只是一直在重复简单的工作。这就好比，一个学生用了一万个小时都在练习四则运算，哪怕他练够十万个小时，也无法成为数学大师。要想成为数学大师，就不能只停留于简单的四则运算，而是要像爬楼梯一样，从最基础、最简单的开始，一层一层给自己增加难度，给自己设立的阶段性目标要有挑战性，这样才能不断提升个人能力。对于财富的积累来说，个人能力是必不可少的。

如果你只是机械性地不断重复简单的工作，那么你很快就会变得麻木。你的生活与工作会失去挑战性，你的能力能保持原地踏步就已经很不错了，因为很大概率上是在后退。正如刘易斯·卡罗尔在《爱丽丝镜中奇遇记》中所说："在这儿，你听我说，你得拼命地跑，才能保持在原地。"（这也被称为"红皇后效应"）

你终有一天会被更优秀、更富有创造力的年轻人所取代。

再者，你的一万小时要有一个累积的效应，也就是说，昨天的努力能够变成今天的起跑点。否则，你就是在瞎忙活，白白浪费光阴。无论是你的努力还是财富，都要建立在昨日的成果之上，而不是每一次都是从头开始。

因此，你不要听到了一个理论，觉得很新颖，就像鹦鹉学舌一样拿来就套用。你要学会深度思考，理解其中的本质与内涵。你要不断挑战自我、突破自我，才能让"一万小时定律"为你的能力提供源源不断的能量。否则，你就只是用战术上的勤奋，来掩盖战略上的懒惰。

≫ 走出认知的黑暗洞穴，纵使阳光很刺眼 ≪

柏拉图曾有过一个精彩的洞穴比喻。

有一个神秘的洞穴，那里生活着一群特殊的人。他们从出生开始就被困在这个黑暗的洞穴里，四肢和脖子都被沉重的铁链束缚着，无法自由地转动头部或四处张望。他们身后是一堆熊熊燃烧的火焰，而他们的前方则是一堵高大的墙。这堵墙挡住了他们的视线，使他们只能看到墙上的影子。

这些洞穴人认为，墙上的影子就是真实的世界。他们从未怀疑过这个认知，因为他们没有其他的信息来源。他们不知道，他们对世界的看法其实只是反映了他们自己的状况，而非真实的世界。

然而，有一天，一个洞穴人意外地挣脱了束缚他的铁链。他感到一种前所未有的自由，开始探索这个他曾经认为很熟悉的洞穴。在探索的过程中，他发现了一个隐藏的秘密通道，这个通道仿佛是一个通往未知世界的"虫洞"。

这个洞穴人鼓起勇气，走进了这个秘密通道。当他走出通道的那一刻，他被眼前的景象惊呆了。他看到了一个与洞穴完全不同的世界，那里没有火光映照的幻影，而是太阳普照下的万物。他看到了蓝天、白云、绿树、鲜花，还有各种各样的动物。这个世界是如此广阔、美丽和真实，与他之前所生活的洞穴形成了鲜明的对比。

这个洞穴人意识到，他之前所认为的真实世界其实只是一个狭小的幻影。他现在所看到的，才是一个真正的世界。他感到一种前所未有的震撼和喜悦，同时也为自己和同伴们之前的无知感到惋惜。

这个故事揭示了人们可能只看到事物的表象，而未能认识到事物的本质。

在这个信息爆炸的时代，我们周围每天都充斥着大量的信息，而如何对这些信息进行筛选、理解和运用，就需要我们有清晰的认知能力。

认知是一个人理解世界的基础。如果你一直处于认知的黑暗洞穴之中，那么你对世界的理解就会受限。你可能会被错误的信息误导，无法正确地评估各种情况和选择。

一个认知能力有限的人，很难在面对问题和挑战时做出明智的决策。你可能会陷入犹豫不决的境地，或者盲目地跟随他人的意见，而没有自己独立的思考。这样的生活状态就像是在迷雾中行走，无法看清前方的道路，容易走入错误的方向，甚至被人骗了还在帮人数钱。

如果你一直处于认知的黑暗洞穴之中，可能还会让你的情绪变得不稳定，容易出现焦虑、抑郁等心理问题。你可能会对自己的生活感到不满和困惑，无法得到真正的快乐和满足，这无疑会增加你在财富之路上的探索负担。这样的生活状态就像是在黑暗中挣扎，无法看到光明和希望。

因此，你若想在这条路上走得更远，就必须要有走出黑暗洞穴的勇气与决心。当然，走出黑暗洞穴并非只是说说那么容易。因为要走出来，首先，你会感受到改变的阵痛。就好比一个长期生活在黑暗之中的人，在见到久违的太阳时，会感到非常刺眼。

然而，这种刺眼是你走出黑暗洞穴时必须承受的代价。

可能你看到这里，会有些疑问，这不是一本讲致富思维的书吗，怎么会讲哲学家柏拉图的洞穴寓言？

《教父》中有一句经典的台词："那些一秒钟看透世界本质的人，和花半辈子也看不清一件事本质的人，自然是不一样的命运。"

在追求财富之路上，要记住，看透本质将会使你事半功倍，让你赢在起跑线上。

≫ 你要懂一点基础概率 ≪

获得过 2002 年诺贝尔经济学奖的认知心理学家丹尼尔·卡尼曼有一部畅销书《思考，快与慢》，曾风靡一时，书里面提到了很多我们经常会犯却不自知的认知错误。

书里面讲过一个实验，说在一列地铁上，有一个人在认真地阅读《纽约时报》，然后让你猜测这名读者的学历：该名读者是有博士学位还是连大学文凭都没有？

你可能会觉得，能在地铁里看报，而且还是《纽约时报》这类非八卦性的报纸，学历应该不低吧，应该是博士。

如果你是这么想的，那么我要恭喜你，大概率你是答错了。

不过你也不要着急，因为这个实验结果显示，大多数人连想都没想，就选择了博士这一选项。这是一个基于典型性偏好而作出的判断。

从概率上来讲，读者连大学文凭都没有的可能性更大。因为无论是在美国还是中国，有博士学位的人和没有大学文凭的人，数量是相差很多的，后者远远高于前者。站在基础概率的角度来讲，该名读者没有获得大学文凭的可能性更大。

简单来讲，基础概率也被称为先验概率，是指在没有任何额外信息的情况下，某一事件发生的概率。它是在没有进行任何实验或观察之前，基于已有的知识和经验对事件发生可能性的估计。

举个例子，如果我们抛一枚质地均匀的硬币，那么正面朝上的基础概率就是 1/2，因为我们没有任何额外的信息来改变这个结果的可能性。同样，如果我们从一个装有 7 个红球和 3 个绿球的袋子中随机抽取一个球，那么抽到红球的基础概率就是 7/10，因为这是我们在抽取之前，根据袋子里红球和绿球的数量比例得出的概率。

基础概率是贝叶斯定理的一个重要组成部分，该定理是一种用于更新或修正概率的方法。当新的信息或证据出现时，可以据此调整我们对事件发生可能性的判断。

当你了解了基础概率之后，你就会明白，要想实现财富的稳定积累与增长，就要选择去做基础概率较高的事。根据这一原则，诸如买彩票以及其他快速致富的方法都不太可行，因为其成功的基础概率太低。

在《别相信直觉》这本书中，作者赛思·斯蒂芬斯 - 达维多维茨详细地列举了大量数据和实例，用以说明我们所处的社会并不是完美无缺的。他指出，社会中的竞争并不充分，公平性也有所欠缺。更具体地说，社会存在一些结构性的缺陷，这些缺陷也可以被视为其固有的特点。这意味着，在某些特定的地点或领域内，个人成功的可能性会比其他地点或领域要大得多。

以美国的高中体育项目为例。在美国，许多高中生投身于体育活动，很大一部分原因是为了获得大学的奖学金，因为大学往往会优先录取那些在体育上有特长的学生。那么，如果你是高中生，面对众多的体育项目，应该如何选择呢？如果你没有意识到结构性机会的存在，你可能会觉得任何项目都可以，只要自己喜欢就好。然而，实际情况并非如此简单。

对于男生来说，练习体操可能是最佳选择。在全美范围内，大约只有 2000 名男生参与体操训练，而大学在体操项目上的录取名额却有 100 个，这意味着每 20 个参与者中就有一个能够被录取。与此形成鲜明对比的是，如果你选择打排球，你将不得不与 50000 多名男生竞争 300 个名额，这使得录取比例达到 167：1。

对于女生而言，参与体育运动的优势更为明显。如果女生选择赛艇或马术，录取率分别为 2：1 和 3：1，这意味着每个参与者的成功可能性都相对较高。而如果选择田径或保龄球，尽管录取率下降到 64：1 和 94：1，但与其他项目相比，仍然具有较高的成功率。足球、篮球和排球的录取率则介于 40：1 到 50：1。

这个逻辑非常清晰，不是吗？尽管每个人都在为自己的目标而奋斗，但某些项目的成功率却是其他项目的几倍甚至几十倍。

在众多的行业中，赛斯发现，只有少数几个领域能够真正帮助人们实现财务自由。为了找到这些真正赚钱的行业，他决定通过纳税记录来进行深入的研究和分析。

首先，他设定了第一个搜索标准。这个标准是基于一个观察，即在一个真正赚钱的行业中，通常会有相当一部分的老板能够进入收入的顶尖行列。因此，他要求在这个领域中，至少有 10% 的老板位于 Top0.1%，这意味着他们不仅赚取了高额的收入，而且在同行中也是佼佼者。这样的比例确保了该行业的高成"财"率，也就是说，进入这个行业的人有较高的可能赚到大钱。

接着，赛斯又设定了第二个搜索标准。他认为，一个行业中如果有大量的老板都进入了 Top0.1%，那么这进一步证明了该行业的赚钱效应。因此，他要求在这个领域中，至少要有 1500 个老板达到了这一收入水平。这个数字不是一个随机的门槛，而是赛斯经过深思熟虑后得出的结论，它代表了在该行业中，有足够多的成功案例，从而为后来者提供了明确的路径和信心。

具体是哪些领域具有这样的潜力，因为美国和中国的情况有所不同，所以结果并不重要，重要的是他思考的过程。这就好比，如果一个行业的成"财"率是 5%，另一个行业的成"财"率是 10%，那么你当然要选择后者，因为后者的基础概率更大，在其他条件相对不变的情况下（比如个人天赋与努力），后者将有更大的概率让你早日实现财富自由。

因此，在选择赛道或行业之前，请先好好调研一番，看看它成"财"的基础概率，将会使你再一次赢在起跑线上。

最后，为了看你是否真的懂了什么是基础概率，让我来测试你一下，这个实验（琳达实验）依然来自《思考，快与慢》。

实验人员虚拟了一位女性琳达，然后描述她：她关心社会歧视问题，她曾经参加反核示威游行。然后实验人员让志愿者来判断琳达的身份。关于她的身份有这么两个选项：一个说琳达是一位银行出纳，另一个说琳达是一位银行出纳，并且积极参与女权运动。

你觉得会是哪个呢？

从直觉上来讲，应该是后者，因为"积极参与女权运动"很符合琳达"关心歧视问题和曾经参加反核示威游行"的特点。然而，若是站在基础概率的角度来看，当然是前者的可能性更大。

因为这个世界上，有很多银行出纳，但积极参与女权运动的银行出纳数量显然不如单纯的银行出纳数量多。

≫ 走出舒适区是让自己从舒服到不舒服吗？ ≪

或许你是一个打工者，你的领导或上级是否告诫过你，让你走出舒适区，而你一听到这类的话就很反感："为什么一定要走出舒适区呢？这难道不是在变相 PUA 我吗？"

首先，如果你是一个有志于追求财富自由的人，如果你是一个对自己还有所要求的人，那么无论领导或上级如何说，走出舒适区都是你的必经之路。你可以对他们的话表示不认可，但不得不认真对待。

再者，对于什么是舒适区，你可能也并未完全了解。

舒适区指的是一个人在心理和行为上习惯的、感到安全和舒适的状态。然而，人要想真正改变自己，就需要勇敢地摆脱这个舒适区。

很多人认为摆脱舒适区的方法非常简单明了，那就是不犯懒，不贪图短暂的快乐，而是主动走向那些让自己感到不舒服的地方。在那里，你愿意吃苦耐劳，不畏艰险，因为你相信这样才能真正改变自己。

然而，这种想法未免有失偏颇。舒适区是指一个人感到安全、稳定和自在的心理或行为状态，而熟悉则是指对某个环境或情境的熟知程度。有时候，人们可能会频繁地更换工作或生活环境，但只要他们能够掌握应对新环境的方法，那么这些变化对他们来说仍然是舒适的。因此，你不能一概而论地认为熟悉的环境就是舒适区。

电影《肖申克的救赎》里面有一个例子，一名犯人在监狱中度过了漫长的 50 年，尽管他曾多次表达过对自由的渴望，但在即将刑满释放之际，他却因为无法适应外部世界的变化而精神崩溃，最终选择了自杀。这个悲剧的结局揭示了一个残酷的现实：人们往往害怕改变，宁愿选择留在熟悉的环境里，即使这个环境并不舒适。

再举个例子，比如一个人是讨好型人格，很多时候通过委屈自己来成全别人，这种感觉让他很不舒服，但他已习惯于此，因此可以说，他的舒适区就是"通过让自己不舒服来让别人舒服"。因为舒适区更多的是指一个人的习惯，而和他感到舒不舒服并没有多大关系。

因此，要想走出舒适区，不是让你从"舒服"的状态走向"不舒服"的状态，而是改变你原有的或固有的习惯或思维。

既然是固有的习惯或思维，那要改变起来就很难，并非只要有足够的意志力就行。

一项医学调查显示，当心脏科医生明确告知严重的心脏病患者，如果不改变不健康的饮食、运动等个人生活习惯，他们将面临生命危险时，令人惊讶的是，只有七分之一的人会真正采取行动来改变自己的生活方式。

这项调查结果揭示了一个令人深思的现象：尽管面临生死攸关的警告，大多数人仍然无法摆脱不良生活习惯的束缚。这并不意味着这些人不希望活下去，事实上，他们中的许多人都渴望生存下去。他们也明白如何改善自己的健康状况，但就是无法付诸实践。

这种情况背后的原因可能多种多样。首先，习惯的力量是巨大的，人们往往难以摆脱已经根深蒂固的行为习惯。其次，改变生活方式需要付出努力和时间，而许多人可能缺乏足够的动力和毅力。此外，舒适区对人们来说具有强大的吸引力，人们往往害怕面对新的挑战和不确定性。

难道说，此题无解了吗？

并非如此，至少我们还有"最小改变原则"，以改变习惯为例。

首先，识别那些对生活影响最大的核心习惯。这些习惯可能是你需要改变的起点，因为它们能够产生连锁反应，影响其他习惯的形成或改变。

其次，追求小成功，不要小看一个微小习惯的改变，小成功能够带来改造性的变化。通过积累小的成功，可以增强自信心，为更大的改变提供动力。比如，你要养成跑步的好习惯，那从一开始就要循序渐进，不要一开始就设定一个宏大的目标，比如一天要跑 3 公里，第一次先让自己跑 100 米就好。

再者，为什么改变坏习惯的行动往往难以成功？因为习惯已经根深蒂固。相反，应该尝试养成新的习惯，这样更容易在大脑中建立新的神经回路。

最后，你需要迈出改变的第一步，从最小的体量出发，获得一个小小的成功，通过不断获得小的成功来积累经验，为下一步行动提供心理动力。比如，要出去跑步，就先从穿上跑步鞋开始。

当你能够更好地改变坏习惯和养成好习惯时，你距离成功就又更近了一步。

➤ "150"这个数字有什么神奇的？ ◀

"150"也被称为邓巴数字，这个数字不是由我拍脑门想出来的，而是由牛津大学的人类学家罗宾·邓巴在 20 世纪 90 年代提出来的。他发现现代人社交时建立稳定关系的人数极限是 148 个人，约等于 150 个人。这个数字的来源与人类的脑容量有关，邓巴发现灵长类动物的脑容量跟他们建立稳定的社交关系的人数极限值正好相关。例如，黑猩猩的脑容量大约是 400 毫升，而一群黑猩猩的群体数量是 40（顶多不超过 60）；能人的脑容量大约是 600 毫升，而能人的人群数量是 60 到 70；现代人的脑容量是 1400 到 1500 毫升，而我们能够建立稳定的人际关系的数量是 140 到 150 个人。

邓巴数字揭示了人类社交网络的极限，这个数字在不同的社会和文化中都有所体现。例如，英国人在使用电子邮件之前寄贺卡，即使疯狂寄贺卡、收贺卡，基本上也就是 150 个人跟你打交道。此外，西方军队最基础的组织单位"连"通常也是 150 个人，这意味着在这个范围内，成员之间能够互相认识。

邓巴数字还表明，一个人能维持良好的社交圈子通常是 150 个人，而在这些人当中，能建立起无条件信任和关怀的，一般也就 5 到 10 个人。超过这个数字范围的社交网络，更多的是信息发布系统而非真正的社交网络，因为在这个范围之外，人们已经无法进行个人化的交往。

"150"这个数字是上限，也就是说，无论你是社牛还是社恐，这个天花板就摆在这儿了，你所能建立的稳定的社交网络至多只能覆盖到150个人。

再进一步讲，也就是说一个人的大脑带宽是有限的，一个人的精力也是有限的。你最多只能和150个人建立稳定的社交关系。再多也多不了了。你的大脑"CPU"会被烧坏的，但是少一点可不可以呢？可以。

随着我对邓巴数字思考的深入，我觉得150份精力可能会比150个人更有助于生活中的安排。我们知道，不同的人在我们心目中的地位是不一样的，比如父母能和同事一样吗？当然不一样。我们会将更多的精力与时间放在家人身上，比如父亲就占去了150份精力中的10份，母亲也占了10份，但一个同事可能就占2份，甚至几个同事加在一起才占1份。

那么知道了这个，有什么用呢？

第一，别把精力与时间用在可有可无的关系上，因为人的社交能量是有限的。

你要认识到每个人的时间和精力都是有限的资源。在繁忙的现代生活中，你面临着各种各样的任务和压力，因此必须合理分配自己的时间和精力。如果你将大量的时间和精力投入到那些可有可无的关系中，那么你可能会错失与真正重要的人建立更深层次联系的机会。而这些机会才是你应该好好把握的，因为你今后的财富积累离不开这些可靠的关系。

那么，如何判断哪些关系是值得投入的呢？首先，你可以考虑这些人是否对我们的成长和发展有积极的影响。与那些能够给予你支持、鼓励和启发的人建立深厚的关系，将有助于你在个人和职业生涯中取得更大的成功。其次，你可以选择那些与你有共同价值观和兴趣爱好的人做朋友，这样可以更容易地实现共鸣和互相理解。

第二，不同的人在你这占用的社交能量是不同的。因此，你应该"避轻就重"，将更多的精力与时间花费在那些值得的人身上。

第三，社交的质量高于数量。

当然，这并不意味着你要将自己的社交圈局限在一个狭小的范围之内，而是要学会拒绝大部分的无用社交。比如在生意场合上，你可能会认识很多人，但这些人只是认识而已。你不必为了与他们交好而刻意迎合他们，也许你会觉得，这是一个人际关系中绕不开的必修课。但你要知道，越是往上走，就越会发现，那些大人物也很忙，他们更喜欢有事说事，而不是将时间与精力耗费在可有可无的客套与寒暄上。

正如乔布斯，他更喜欢聪明人，因为和他们打交道不需要考虑他们的自尊。他的意思并不是说要轻视别人的自尊，而是因为和聪明人打交道，可以避免很多无谓的浪费。

≫ 从现在开始，永远为自己工作 ≪

也许，正在看这本书的你，还在为别人打工，每个月还拿着固定的薪水，距离财富自由还有一段遥远的距离。我想说，没关系，从现在开始，改变自己的认知，其实你就已经走上了通往财富自由之路。因为你最先需要改变的，恰恰是对工作的认知，以及对工作的态度。

工作是人生中不可或缺的一部分，它不仅为我们提供了经济来源，还塑造和衡量了我们的身份和价值。然而，在忙碌的工作中，你是否曾思考过一个根本性的问题：我们到底在为谁工作？

对于这个问题，许多人可能会不假思索地回答："这还用问？当然是为公司，为老板了。"确实，从表面上看，你的工作似乎是为了公司的效益和老板的利益。你每天按时上下班，努力完成各种任务，为公司创造利润，为老板实现目标。然而，如果你深入思考，就会发现工作的意义远不止于此。

事实上，工作最大的受益人是你自己。最显而易见的，工作保障了你基本的生活需求。在这个竞争激烈的社会中，拥有一份稳定的工作意味着我们能够养家糊口，不必担心失业带来的经济压力。工作给你提供了报酬，使你能够支付日常生活开销，满足自己和家人的需求。相信这点很多人都能明白，只是对目前所能获得的报酬感到不满而已。

工作仅仅只是为了公司的利益，这种观念是错误的、不健康的。持有这种观念的员工很难成为一名优秀的员工。一个人如果没有正确的观念和积极的态度，就会不断地重复犯错误。无论是学习还是工作，甚至是人生，每一个人都需要用正确的观念来引导个人的行为，这样才能获得好的结果。

在人生的各个阶段，你都应该持有正确的观念。只有这样，你才能引导自己的行为朝着正确的方向发展，从而获得成功的结果。

在过去的几年里，一个词语如同野火在网络上迅速蔓延，成为人们讨论的焦点，那就是"精致的利己主义者"。这个词语描述的是这么一类人：他们在任何工作环境中都极力避免吃亏，他们的行为和工作态度全都以"自己"为出发点，就像心里装了一杆秤，总是在算计着自己是吃了亏还是占了便宜。

这些人在职场中的表现可以用几个关键词来概括：准时、界限分明、精打细算。他们会精确地计算自己的工作时间，确保自己按时到达工作岗位，而一旦到了规定的下班时间，他们便会毫不犹豫地离开，决不多留一分钟。他们对于工作的投入有着明确的界限，只要是超出了他们认为的职责范围的任务，他们往往会选择忽视，不愿意多付出一分努力。

此外，这些所谓的"精致的利己主义者"还有一句经常挂在嘴边的话："只给我这么点钱，我就做这么点事，不然就亏了。"这句话反映了他们对待工作的态度：一切以个人利益为中心，他们会根据自己获得的报酬来决定自己的工作投入，如果认为得到的报酬不够多，他们就不愿意做更多的工作。

后来，人们又发明了诸如"带薪吃早餐""带薪上厕所"以及"带薪摸鱼"等名词。

诚然，在这个大环境中，员工与老板之间的关系似乎越来越对立，我不否认会有一些"就算付出了努力，做再多工作，老板看见了也当没看见，还会觉得一切都是理所当然"的情况出现。但是归根到底，你要问问自己，工作究竟是为了谁？

如果你在学习的道路上有所偏差，错过了某个重要的阶段，不必过于忧虑，因为生活总会给你留下一些补救的机会。你可以通过自学来弥补知识的不足，可以重新回到学校的课堂，继续你的学习之旅。这些方法都是可行的，只要你有决心和毅力，就能够找到适合自己的学习方式。

然而，工作的重要性却不容忽视。如果你在职业生涯中再次错失良机，那么可能会对你的整个人生产生深远的影响，因为习惯的力量是巨大的。在学生时代，外部的约束力量很强，就算你自己不想学习，父母与老师作为外部监督者，也会尽职地去督促你。但是一旦到了职场上，就没有人会"苦口婆心"地对你说这些话。

试想一下，当你"摸鱼"的时候，你的同事可能装作没看见，或者和你一起"摸鱼"。其实有很多工作，只要你能踏踏实实按时上下班，哪怕工作不用心，也可以一直浑水摸鱼下去。在职场中，可以滥竽充数的机会有很多。但你要知道，你这么做（比如和老板或领导斗智斗勇，一天不摸鱼就感觉自己亏了），伤害的并不是老板或领导，而是你自己的利益。

《增广贤文》中有云："学如逆水行舟，不进则退。"对于个人能力，也是如此。还记得上面提到过的"红皇后效应"吗？我们只有不断向前奔跑，才能待在原地，否则就会被洪流冲到后面去了。

我身边有很多朋友都有"35 岁危机"，他们为此感到焦虑与恐惧，害怕自己失业后就再也找不到好工作了，害怕自己一到 35 岁就失业。或许，外部环境也是一大原因，但无论是你还是我，都无法改变外部环境，我们能改变的，唯有自己的态度。

然而，并不是每一个 35 岁的人都会失业，但如果经济不景气，公司要裁员的时候，最先上裁员名单的，你觉得是一个勤奋努力、能力不断提升的人，还是一个将公司当成可以浑水摸鱼场所的人呢？

再者，就算你足够勤奋与努力，能力也在不断提升，到了 35 岁还是失业了（从概率上来讲，这也是有可能的），但至少你心里有底气，就算换一份工作，也不至于太差，再不济还能自己单干。一个不断提升自己能力的人，从概率上来讲，无论到哪儿，都能获得比普通人更多的资源。

工作不仅仅是为公司创造利润，更是为你个人成长和实现自我价值。每一份工作都是一次宝贵的经历，它能够让你学到新的技能，结识新的朋友，甚至改变你的人生轨迹。

没有人愿意在悔恨和遗憾中度过一生。因此，你必须时刻提醒自己：工作不仅仅是为了公司，更是为了自己的未来。每一份工作都是一次机会，一次挑战，一次成长。只有珍惜每一次工作机会，你才能够不断进步、不断超越，最终实现自己的人生价值。

《你在为谁工作》中说道："为金钱工作，工作只能无味；为自己工作，工作能给你轻松愉快的心情，而且人们也会更加重视你、仰慕你。因为你的付出带给别人快乐，使别人从中获得利益，你也实现了自己的人生价值。"

我曾经所在的公司，有些员工被分配到一项需要他们输入数据的任务。然而，他们并没有去理解这些数据的含义，也没有尝试去寻找数据可能存在的错误或不一致之处，只是简单地按照指示进行操作。他们不会去思考如何改进这个过程，也不会去寻找提高效率的方法。他们只是日复一日、年复一年地做着同样的工作，没有任何改变。

我们一般将那些已经实现财富自由的人或大概率能实现财富自由的人称为牛人。在近几年的观察中，我发现，牛人与普通人对工作的理解是全然不同的。

牛人对工作的理解:

牛人通常对自己的工作有更高的追求和要求，他们追求卓越和完美，并且不满足于平庸的表现。

牛人对工作有更深入的理解和洞察，他们能够看到问题的本质和潜在的机会，从而能够提出创新的解决方案。

牛人对工作有更强的责任感和使命感，他们愿意承担和接受更多的责任和挑战，追求更大的成就和影响力。

牛人通常具备更丰富的专业知识和技能，他们不断学习和提升自己，以保持竞争力和领先地位。

普通人对工作的理解：

普通人可能更注重工作的稳定性，他们希望通过工作获得稳定的收入和生活保障。

普通人可能更注重工作与生活的平衡，他们希望有足够的时间和精力去照顾家庭和追求自己的兴趣爱好。

普通人可能更注重工作的实用性和经济效益，他们希望通过工作获得一定的经济回报和社会地位。

普通人可能更注重工作的安全性和可靠性，他们希望能够在一个相对安全和可靠的环境中工作。

其中最具典型的差异是，牛人不仅仅将工作视为一种谋生手段，还将其看作是实现个人价值、追求激情和成就自我的契机。他们在工作中寻求挑战，不断地挑战自己的极限，以此来获得成长和满足感。相反，普通人可能更多地将工作看作是一种必须完成的任务，一种为了赚取生活费用而不得不做的劳动。

这种对工作的不同理解，不仅影响了牛人和普通人的工作态度，也在很大程度上决定了他们的工作成果和职业发展路径。牛人因为对工作的热爱和投入，往往能够在工作中取得更加卓越的成就，而这种成就又会反过来促进他们实现财富自由。而普通人可能因为缺乏对工作的热情和深入的理解，而难以在工作中达到同样的高度，这也可能成为一个他们实现财富自由的障碍。

第三章

态度——万丈高楼平地起

▶ 承认自己贫穷，才有机会变得富裕 ◀

在这个世界上，财富的分配呈现一种显著的不平衡性，这种不平衡性可以用"二八定律"来概括。根据这一定律，大约 20% 的人口掌握着 80% 的社会财富，而剩下的 80% 的人口只能分享那剩下的 20% 的社会财富。这也就意味着，大部分人并不是真的富有，相反，有相当一部分人还很贫穷。

人们大都不满足于自己的现状，试图通过自己的努力和运气来跨越自己所属的阶层，实现财富上的飞跃。这是一件好事情，因为这样的人拥有志气与获取财富的意愿，只要方法得当，会比一般人更容易实现财富自由。

然而，也有一部分人明明处于贫穷状态，却不肯承认这一点，对内对外都宣称自己很富有。他们不仅欺骗别人，甚至还会欺骗自己，用一种"阿Q精神"麻痹自己，有的时候甚至还打肿脸充胖子。

我想说的是，这种行为是不好的。一个人只有承认自己贫穷，才能有机会在未来真正变得富裕。

从心理学的角度来看，承认自己贫穷可以被理解为一个深刻的自我认知过程。而这一过程是从贫穷走向富裕的必经之路，涉及个体对自身经济状况的真实评估和接受。它不仅仅是一个简单的认识行为，更是一种心理上的调整和准备。

首先，在现实生活中，许多人可能会因为各种原因而选择忽视或否认自己贫穷，比如社会压力、自尊心等因素。然而，长期的自我欺骗和否认不仅无法改变现实，反而可能导致个体陷入更深的困境。因为，这样的心理状态就像是将头埋在沙漠里的骆驼，对实际生活的改善并无多少帮助。

举个例子，我们都知道，财富需要创造，比如你对外宣称自己其实很富有，朋友如果信了，那么以后有机会可能并不会想到你，因为他会觉得，你都这么有钱了，应该看不上这样的机会。如果朋友不信，那你在朋友心中就会留下一个不靠谱的形象。不靠谱的形象一旦形成，你今后的致富之路也会受到影响。

其次，心理学家强调，自我接纳是个人成长和改变的关键所在。自我接纳意味着个体不仅认识到自己的现状，还愿意接受并拥抱这一现实。这种接纳不是消极地放弃，而是一种积极的心理策略。它能够帮助个体减少内心的冲突和焦虑，从而为后续的改变提供坚实的心理基础。

进一步来说，自我接纳还能够为个体提供清晰的目标和动力。当你真正接受了自己贫穷这一事实后，往往会产生强烈的改变欲望。这种欲望会转化为具体的行动目标，比如提高收入、改善生活质量等。同时，自我接纳还能够激发你的内在动力，使你更加坚定地去追求这些目标。

从经济学的角度来看，承认贫穷是一个个体正视自己财务状况的关键步骤。这通常是制订有效的财务计划和预算的第一步。经济学家强调，拥有清晰的财务认知对于个体来说至关重要，因为它有助于个人做出更合理的消费决策。

经济学家指出，清晰的财务认知可以帮助个体避免不必要的债务。通过了解自己的收入、支出和储蓄情况，你可以更好地管理自己的财务，避免过度借贷的风险。这有助于个体保持财务稳定，并逐步积累财富。毕竟，当你撒了一个谎之后，你就要用更多的谎言去弥补。如果你已经在朋友那儿立下了富有的人设，那你今后就要为这个人设花费额外的金钱与精力，这很可能会导致你借贷消费（打肿脸充胖子），从而陷入债务危机。这对你今后的财富积累很不利。

此外，清晰的财务认知还有助于个体做出更合理的消费决策。当你了解自己的财务状况后，你可以更好地权衡不同消费选择的利弊，并根据实际需求和经济能力做出明智的决策。这可以避免在不必要的物品上浪费金钱，从而更好地利用有限的资源。

承认自己贫穷是迈向财富积累的第一步。要相信，这个世界上真正有本事的人是不会轻视贫穷的。如果一个人嫌贫爱富，那么他的格局与见识并不会高到哪里去。这样的人也不会真的对你有任何帮助，更不可能成为你的贵人。而当你虽然贫穷但有一个良好的心态和能力时，大人物反而更愿意帮助你。

永远对未来"Stay Hungry"与"Stay Foolish"

乔布斯在 2005 年斯坦福大学的毕业典礼上曾言:"Stay Hungry, Stay Foolish。"

我们来看前者,字面意思是保持饥饿。当然这里的饥饿并不是不让你吃饭,而是一种心态,一种求知若渴的心态。这种心态是对未来、对知识的渴望。这种渴望驱使人们不断前进,不断探索未知领域。后者的字面意思是保持愚蠢,当然也并不是让你装傻,而是保持一种谦卑的心态,永远不要觉得自己有多聪明,因为很多时候聪明反被聪明误。

求知若渴,即对未来充满渴望,对财富充满渴望。在现实生活中,有相当一部分人,尤其是老一辈,对金钱的态度是比较排斥的。这与儒家多年来的文化教育有关。儒家文化强调君子不言利,认为过分追求物质利益会影响道德和精神层面的交流。因此,在传统文化中,人们往往被教导要注重道德修养和精神追求,而不是过分强调物质利益。

然而,随着社会的发展和变化,人们对财富的态度也在逐渐改变。在现代社会中,金钱已经成为衡量一个人成功的重要标准之一。因此,过分强调"君子不言利"反而会与外界格格不入,这样的态度也不可能让人实现真正的财富积累。

从心理学的视角来审视"Stay Hungry"这一概念,它可以被诠释为一种对保持好奇心和学习欲望的强烈倡导。在心理学家的眼中,这种持续学习和好奇心不仅是认知发展的催化剂,更是心理健康的重要支柱。它们如同滋养心灵的甘露，不断激发人们探索未知、追求新知的热情，使人保持活跃的思维和旺盛的精神。

而"Stay Foolish"这个看似有些自嘲的词汇，实则蕴含着一种深刻的智慧。它鼓励人们保持一种开放的心态，勇于接受新的挑战，即使这些挑战在他人眼中可能显得不切实际或充满风险。这种"愚者"的心态，实际上是一种对未知领域的敬畏和对自我能力的谦逊。它让人们敢于跳出舒适区，去尝试那些可能失败、可能带来挫折的事物，因为正是这些经历，填满了人们的成长之路，丰富了人生。

从职业发展的角度来看，"Stay Hungry, Stay Foolish"这一理念对于个体在职业生涯中不断追求进步和创新也具有重要的指导意义。它鼓励人们保持一种对知识和技能的渴望状态，即"Stay Hungry"；同时也要保持一种对新事物的好奇心和探索精神，即"Stay Foolish"。

职业发展专家指出，秉持这种态度对于个体在快速变化的工作环境中保持竞争力至关重要。随着科技的快速发展和市场的不断变化，新的职业机会和技能要求也在不断涌现。如果个体能够保持对新知识的渴望和对新事物的探索，就能够更好地适应这些变化，抓住新的职业机会，提升自己的职业竞争力，从而实现财富的积累。

"Stay Hungry"可以帮助个体不断提升自己的专业能力。在这个信息爆炸的时代，知识更新的速度非常快，只有不断学习，才能跟上时代的步伐。通过持续学习，个体可以掌握更多的专业知识和技能，从而在工作中更加得心应手，提高工作效率和质量。

"Stay Foolish"可以培养个体的创新思维。在面对新问题和新挑战时，拥有好奇心和探索精神的人更容易找到创新的解决方案。他们愿意尝试新的方法，不拘泥于传统的思维方式，这使得他们在解决问题时更加灵活和高效。

此外，秉持"Stay Hungry, Stay Foolish"的态度还有助于个体建立更广泛的人际网络。在追求进步和创新的过程中，个体往往会接触到更多的同行和专业人士，这为他们提供了更多交流和合作的机会。通过与不同领域的专家交流，个体可以获得更多的灵感和资源，进一步推动自己的职业发展。

≫ 乐观与悲观，还有得选吗？ ≪

有人说，这个世界的底层是悲观的。

或许的确如此，但人是一种具有主观能动性的生物，在悲观与乐观之间，我们还有选择的自由。我劝你最好选择乐观，因为选择悲观，你就只剩下抱怨与无奈，你毫无所得，但选择乐观，你至少还有行动的自由，你的世界也会被打开。

从心理学的角度来看，悲观的人常常对事物持有消极的预期，这种思维方式可能会让他们忽视或低估积极事件的可能性，进而限制了他们的视野。

具有悲观心态的人在面对各种情况时，倾向于认为事情会朝着不利的方向发展。这种心态会导致他们在决策时过于谨慎，甚至可能放弃一些原本有机会成功的尝试。例如，在面对一个具有挑战性的任务时，悲观者可能会因为担心失败而选择回避，从而错失成长和进步的机会。当然，也有可能错失财富积累的机会。

由于他们习惯关注事物的消极面，因此，可能会忽视那些潜在的、积极的机遇。这种思维方式可能会让他们在面对困难时感到无助和绝望，从而影响他们的情绪和心理健康。

相反，选择乐观的人则倾向于看到事物的积极面。他们在面对挑战时，更有可能保持积极的态度，并相信自己有能力克服困难。这种心态有助于他们保持动力和希望，从而更有可能实现自己的目标和想法。

首先，他们在面对困境时，更有可能从中寻找到积极的意义和价值。这种思维方式有助于他们保持积极的情绪状态，从而更好地应对生活中的挑战。

其次，乐观的心态有助于人们保持动力和希望。由于他们相信事情会朝着好的方向发展，因此，他们更有可能在面对困难时保持坚定的信念和决心。这种心态有助于他们更好地调动自己的资源和能力，从而激发出自身的潜力。

研究表明，乐观者通常拥有更健康的身体。他们较少经历与压力相关的疾病，如心脏病和高血压等。悲观者则可能因为持续的负面情绪而面临更高的健康风险。在第一章最后一节中，我们强调过，一个健康长寿的人对于财富的积累也具有一定的决定性。

从社会关系的角度来看，乐观者往往更受欢迎，因为他们积极的态度能够激励和感染周围的人。这种积极的社会互动有助于建立和维护健康的人际关系，也更容易遇到贵人。因为很多机会都是身边的朋友带来的。

乐观者善于与他人建立联系，并且乐于分享自己的快乐和成功。他们的热情和友善会吸引他人与他们交往，从而建立起牢固可靠的社交网络。这种积极的社交互动不仅能够增强个人的幸福感，还能够为他人带来正面的影响，比如更多的赚钱机会。

而悲观者可能因为他们的消极态度而难以建立和维持积极的社会关系。他们的消极情绪和抱怨往往会使他人感到沮丧和疲惫。他们可能会对他人的建议和帮助持怀疑态度，不愿意接受他人的支持和鼓励。这种消极的态度会阻碍他们与他人建立良好的关系，从而限制了自身的社交圈子。

从职业发展的角度来看，乐观者在职场中通常能够有更为出色的表现。他们往往能够以积极的工作态度和解决问题的能力，赢得同事和上级的认可与赞赏。这种乐观的心态使得他们在面对工作中的挑战时，能够保持冷静和专注，从而更好地应对各种困难和挑战。

由于乐观者展现出积极的工作态度和解决问题的能力，他们更有可能被提升到更高的职位。他们的乐观心态使他们能够在压力下保持冷静，并能够积极寻找解决问题的方法。

相比之下，悲观者可能会因为他们的消极预期而错失职业发展的机会。他们往往对工作持消极的态度，对问题的预期也较为悲观。这种消极的预期可能导致他们在面对工作中的挑战时缺乏动力和积极性，从而无法充分发挥自己的能力。这种消极的工作态度可能会影响他们的职业发展，使他们错失晋升的机会。

从个人成长与发展的角度来看，乐观者和悲观者在面对挑战时的态度和处理方法也截然不同。

乐观者通常具有积极的心态和对未来的积极预期。他们相信每一次挑战都是一次学习和成长的机会，因此他们会主动寻求挑战，并努力克服困难。这种积极的心态使他们更加开放和灵活，愿意尝试新事物、接受新观念。他们相信通过不断地学习和成长，自己可以不断进步并实现自己的目标。

相比之下，悲观者往往对挑战持有消极的态度。他们可能因为害怕失败或担心自己无法应对挑战而避免面对困难。这种消极的心态会限制他们的个人发展，因为他们不愿意冒险和尝试新事物。他们可能会陷入一种自我设限的思维方式中，认为自己无法成功或者不值得成功。这种思维方式会阻碍他们的成长和进步。

≫ 不要做自己不懂的事 ≪

曾经有人花大价钱获得了与巴菲特一起共进午餐的机会，在途中，他请教巴菲特，希望这位智慧的人能给自己一些人生忠告。巴菲特告诉他："年轻人，我不用告诉你们该做什么，因为你们很优秀，自己知道该做什么。我告诉你们一生不该做什么：第一，不要做自己不懂的事；第二，永远不要做空股票；第三，永远不要用杠杆投资。"

那么该如何理解"不做自己不懂的事"呢？

其实，这可以从多个角度进行深入分析。

这一原则强调了对自身能力和知识的清晰认识。以投资大师巴菲特为例，他之所以能够获得超高的回报，很大程度上是因为他坚守在自己的能力圈内，只投资那些他能够充分理解和评估的行业和公司。这种策略避免了因盲目跟风或冲动投资带来的风险。

然而，在现实生活中，很多人和企业却常常忽视这一原则。他们看到别人在某个领域取得了成功，便心生羡慕，想要迅速复制他人的成功模式。但往往由于缺乏对该领域的深入了解和相关专业知识，最终只能以失败告终。

以万达集团在 2014 年进军电商领域为例，当时万达联合百度和腾讯成立了合资公司，并信誓旦旦地要在 5 年内投资 200 亿元打造电商平台。然而，由于缺乏对电商行业的深入了解和相关运营经验，这个项目在短短两年内就陷入困境。到了 2016 年，第一笔投资耗尽，而腾讯和百度也选择了撤资。

企业如果亏钱了，好歹还有很多补救措施，最不济也就是申请破产。但一个人如果去做自己不懂的事，后果往往很严重，也往往令人难以承受。

因此，你应该时刻牢记"不做自己不懂的事"这一原则。在面对新的机会和挑战时，你应该保持冷静和理性，先对自己的能力和知识储备进行客观的评估，然后再决定是否值得投入时间和精力去尝试。同时，你也应该不断学习和提升自己的专业知识和技能，以便更好地应对未来的挑战和机遇。

还有一些人，看到有高收益就盲目跟风，其实自己什么也不懂，这种情况也是极其危险的。尤其是在理财的道路上，你必须谨慎行事，避免只关注收益而忽视潜在的风险。个人在做出决策时，应该为自己留有一定的余地，避免陷入没有退路的困境。理财是必要的，但盲目跟风则可能导致财富流失。

对于普通人来说，理财的最佳策略往往是从个人实际情况出发。由于大部分人通常缺乏充足的资金、强大的人脉和有效的信息渠道，因此，投资的时候，千万不要盲目，要好好搞懂里面的门道，尤其是不要瞎买各种理财产品，因为稍有不慎就有可能踩到里面的坑。

如果你什么都不懂，那么你在一些居心叵测的人眼里，就犹如一只"行走的、待宰的羔羊"，他们会通过各种花言巧语来骗取你的信任，然后将你手中的资金骗走。你难以判断他们的话语中有哪些错误，因为你不懂，你都不知道要问哪些问题。你可别以为这是在危言耸听，每年这样被骗的人难道还少吗？

积累财富本身就不是一件容易的事情，可千万别还没积累多少财富，反而亏了不少。你应该将主动权掌握在自己手中，而不是将其交给不确定的未来去赌一场未知的结果。

➤ 这个世界，不存在"金手指" ◄

你是否也曾认为，在这个世界上，有一个"金手指"般的玩意儿，只要拥有或掌握了它，就能无往而不利。就像很多武侠小说中的各类高手，拥有一套顶尖的武功招式，无论面对怎样的敌人，都能一招制胜。

然而，我想要告诉你的是，这种金手指在现实生活中并不存在，即不存在一种能够让你在生活或工作中无往不利的神奇工具或秘密武器。

要明白，每个人的成功都需要付出努力和汗水，需要不断地学习新知识、掌握新技能，并且在实践中不断积累经验。虽然有些工具或方法可能会在某些特定的情况下帮助你提高效率或解决问题，但它们并不能替代你个人的努力和智慧，而且它们只能用于一时，且只在特定情况下有效。

现实生活中的成功往往是一个长期的过程，而不是像武侠小说中那样，只需要一招就能解决所有问题。你需要有耐心和毅力，需要不断地调整策略和方法，以适应不断变化的环境和需求。而且，成功往往需要团队合作和他人的支持，而不是单打独斗。

人们之所以会有"金手指"这种错觉，很多时候也是受那些成功学读物的影响。

市面上大部分成功学书籍或诸如此类的课程，往往会将真实情况给简化。比如，它们会强调某位大企业家的成功只是因为做对了某件事，认识了某个人，或者没有错过某次机会等。这些能够振奋人心的说辞，往往只是夸大了其中的某一种因素，而忽略了其他重要因素。实际上，成功是一个复杂的过程，需要综合考虑多种因素，包括个人能力、机遇、环境等。

在如今的互联网上，不少自媒体断章取义，用浮夸的标题来吸引读者。这些标题往往夸大事实，让人误以为这个世界确实存在"金手指"。然而，当深入阅读内文时，我们就会发现其中的内容并不如标题所暗示的那样神奇。这些自媒体往往用过多的感叹号作为修辞，以增强文章的吸引力，但这种夸张的表达方式也会让人产生误解。

正如我们在第一章开头所强调的，获取财富不是一个一蹴而就的过程，而是需要系统思维，而非简单的线性思维。成功的背后往往离不开多种因素的综合作用，其中最为关键的一点便是脚踏实地的态度。

这种脚踏实地的态度体现于在追求财富的过程中，你需要摒弃急功近利的心态，要有耐心和恒心，一步一个脚印地向前迈进。在追求财富的道路上，你可能会遇到各种困难和挑战，但只有保持脚踏实地的态度，你才能更加坚定地面对并克服这些困难。

脚踏实地的态度要求你在设定目标时，要有明确的方向和合理的规划。你不能仅仅停留在空想和幻想中，而是要通过深入的市场调研和分析，制订出切实可行的计划和策略。只有这样，你才能在竞争激烈的市场中找到自己的定位，并不断调整和优化自己的策略，以适应不断变化的环境，最终实现财富的有效积累。

脚踏实地的态度也体现在你对细节的关注和执行上。成功往往隐藏在细节之中，只有对每一个细节都认真对待，你才能在众多机会中识别出最适合自己也最有效的那一个，否则就是狗熊掰棒子。

当然，脚踏实地的态度还体现在你对失败的态度上。在追求财富的过程中，失败是不可避免的一部分。然而，只有保持脚踏实地的态度，你才能从失败中汲取教训，总结经验，并不断调整自己的方向和策略。这样，你才能在失败中获得成长，并在下一次尝试中取得更好的结果。

≫ 财富自由意味着什么？ ≪

财富自由，这是一个多么令人神往的词，相信很多人都为此幻想过。那么，你认为财富自由意味着什么呢？

是花不完的钱，还是从此再也不用工作，每天睡觉睡到自然醒，数钱数到手抽筋？

实际上，财富自由是一个多维度的概念，它绝非表面上"花不完的钱"那么简单，它不仅要求个人拥有持续赚钱的能力，还涉及支付能力、税务贡献和慈善捐赠等多个方面。

不断赚钱的能力是实现财富自由的基础。这种能力可以依靠技术专长，也可以来自创业才能。它是个人在社会上立足和发展的根本，能够确保有持续的现金流入。这种能力需要通过不断学习和实践来培养和提升，以适应不断变化的市场和社会需求。

当然，财富自由并不仅仅意味着账面上的数字，更重要的是个人的支付能力。一个人可能拥有大量的资产，但如果这些资产无法转化为实际的购买力或支付能力，那么所谓的"财富"也只是画出的大饼。因此，真正的财富自由意味着能够轻松应对生活中的各种支出，无论是日常消费还是突发状况，都能够从容应对。

此外，真正的财富自由还体现在一个人是否能够为国家和社会作出贡献。交税是每个公民的基本义务，也是协助国家建设公共事业的重要方式。曾著有多本畅销书的计算机科学家兼硅谷投资人吴军博士曾说："如果一个人连税都交不起，怎么好意思说自己是有钱人？"

而捐赠则是一种更高层次的贡献，它意味着个人有能力将自己的财富用于更广泛的社会目的，比如，支持教育、医疗、环保等公益事业。这种给予的能力不仅是财富自由者的一种价值体现，也是对社会的一种回馈和责任。

≫ 现在开始，请自律起来 ≪

在追求财富这条漫长而充满挑战的道路上，你需要培养和具备许多优秀的个人品质。这些品质如同一盏盏明灯，照亮你前行的道路，帮助你在复杂多变的经济环境中稳健前行。在这些品质中，最为关键且不可或缺的便是自律。

常言道："自律即自由。"这句话揭示了一个深刻的道理：真正的自由不是无拘无束、随心所欲，而是在自我约束的基础上，实现长远的目标和愿景。自律是通往成功的重要基石，它要求你在日常生活的每一个细节中都保持自控力，无论是在工作上，还是在个人生活中。

想象一下，一个缺乏自律的人，他的生活可能是这样的：工作不积极，遇到困难就退缩，回到家后沉迷于各种娱乐活动，比如刷视频、玩游戏，以此来逃避现实中的挑战和压力。这样的人，很难想象他有朝一日能够获得足够多的财富，更别提走上财富自由之路。当然，我们不排除有些人可能会因为意外的好运，比如继承遗产或者中彩票，一夜之间变得富有。但这种财富来得快，去得也会很快。没有自律的品质，他们很快就会将这笔意外之财挥霍殆尽，重新回到原点。

自律不仅仅是一种内在的品质，更是一种可以通过持续实践而养成的习惯。习惯，按照心理学家的研究，通常需要一段时间来培养和巩固。具体来说，一种新的行为模式要想转变为习惯，大约需要 21 天的时间，也就是连续 3 个星期的坚持。

这个时间为我们提供了一个明确的目标：只要你能够坚持一种新的行为模式 21 天，就有可能将其转化为习惯。这意味着，自律并不是一个遥不可及的理想，而是一个可以通过日复一日的努力，每个人都有机会实现的目标。

然而，尽管自律的培养似乎有着明确的路径和时间表，但真正的挑战是起步阶段。对于大多数人来说，最初的决定和行动往往是最困难的。你需要克服内心的惰性，打破旧有的模式，这需要极大的意志力和坚定的信心。在这个过程中，你可能会遇到各种诱惑和挑战，这些都是对你决心的考验。

因此，自律的真正难点在于开始时的那份决心。一旦你跨过了这个门槛，坚持不懈地践行自己的决定，那么随着时间的推移，自律将逐渐成为你生活中自然而然的一部分。当你成功地将自律融入日常生活，你就会发现，它不仅提高了生活的质量，还赋予了你更多的自控力，使你能够更好地面对生活中的挑战和机遇。

要培养自律，关键是将其变成一种自然而然的习惯。这个过程需要时间和持续的努力，但是一旦形成习惯，自律就会成为你生活中一个不可或缺的部分。为了达到这个目的，你可以采取一些具体的策略，比如每天坚持做一系列小事情。这些小事情虽然看似微不足道，但它们在培养自律方面起着至关重要的作用。

举个例子，你可以在每天早晨起床后立即进行一些体育锻炼。这不仅能够帮助你保持身体健康，还能激发出一天的活力和积极性。无论是简单的拉伸运动，还是一段短暂的晨跑，抑或是一系列的瑜伽动作，都可以作为早晨锻炼的形式。关键在于选择一种你能够持之以恒的活动，并且确保每天都能够完成。

另一个例子是每天晚上安排一段固定的时间来学习或阅读。这个时间段可以是半小时，也可以是一个小时，根据个人的日程安排和学习能力来确定。在这个时间段内，你可以专注于学习某项特定的技能，或者阅读一些有助于个人成长和发展的书籍。通过每天的学习和阅读，你不仅能够积累知识，还能够提高自己的专注力和理解力。

无论是早晨的锻炼还是晚上的学习，重要的是要保持一致性。这意味着不管有什么情况发生，都要尽量遵守自己制订的计划。当然，偶尔的例外是可以接受的，但关键是要有恢复计划的决心，不要让小小的挫折影响整个自律的培养过程。

≫ 以终为始，向死而生 ≪

以终为始，向死而生。这是一种独特的思维方式，它要求你在生命的旅途中，不时地回头审视自己的足迹，以生命的终结作为起点，反向探索生命与财富的意义。这样的思维方式虽然看似有些沉重，甚至带有一丝悲凉，但实际上，它却能为你提供一个独特的视角，让你能够更加清晰地看到生命中真正重要的东西，以及认真思考生命的意义。这一点对你积累财富非常重要，否则你可能一生都活得稀里糊涂。

请试着想象一下，如果明天就是生命的终点，你会如何评价自己的一生？是满足还是遗憾，是充实还是空虚？这种设想并非悲观，反而是一种"作弊"的机会，它让你有机会提前审视自己的生活，思考那些真正重要的事情。

你不妨经常问自己这样几个问题：

假如我离开了这个世界，别人尤其是我的家人、朋友会怎么评价我？

这个问题会让你从他人的角度来审视自己，思考自己在他人心中的位置和形象。你是否给予了家人足够的关爱，是否在朋友需要时伸出了援手？这些问题的答案，将帮助你更好地理解自己的人际关系，进而调整自己的行为，使其更加符合内心的期望。

假如我离开了这个世界，我希望能留下些什么？

这个问题让你思考自己的价值和遗产。你是否留下了有价值的作品，是否做了对社会有意义的事情，或者，至少，是否活出了自己的风格，成了一个独立思考、情感丰富的人？这些问题的答案，将引导你去寻找和创造生命的价值。

假如我离开了这个世界，我的悼词或墓志铭会写什么？

这个问题让你思考自己如何被记住。你的一生是否有值得纪念的瞬间，是否影响了他人的生活，或者，至少，是否活得真实，有没有辜负自己的内心？这些问题的答案，将帮助你打造自己的生命故事，使其成为一个值得讲述的故事。

在不同的历史阶段，人们对于"英雄"的定义和认识也在不断变化。从救亡图存的先烈到改革开放的先锋人物，再到新时代背景下各行各业的杰出代表，他们都是各自时代的英雄。然而，随着时代的发展和社会的进步，你也需要重新审视和思考什么是新时代的英雄。

在过去的三十年中，中国经历了快速的发展和变革，许多企业家和中产阶级在这个过程中积累了丰厚的财富。然而，他们也面临着一个共同的问题：在追求事业发展的同时，往往忽视了家庭、教育等其他人生维度的重要性。这种现象引发了人们对于新时代英雄的思考：我们应该如何在追求物质财富的同时，保持对家庭、教育等人生维度的关注和重视？

首先，你需要认识到，在新时代背景下，英雄不再仅仅局限于那些为国家和民族作出巨大贡献的人。在当今社会，英雄可以是那些在自己的岗位上默默奉献、为社会进步贡献力量的普通人。他们可能是一位优秀的教师，用自己的知识和智慧培养下一代；也可能是一位医生，用自己的医术和仁心挽救生命；还可能是一位环卫工人，用自己的辛勤劳动保持城市的整洁和美丽。这些人虽然平凡，但他们的行为却体现了新时代英雄的精神品质。

其次，你需要关注家庭、教育等人生维度的重要性。在现代社会，人们往往过于关注物质财富，而忽视了家庭、教育等方面的价值。然而，这些方面恰恰是人生重要的支撑点。一个和谐的家庭可以为你提供温暖和力量；良好的教育可以为你更顺利地打开通往成功的大门；健康的生活方式可以让你保持身心的健康。因此，在追求物质财富的同时，你也应该关注这些方面的发展和提升。

最后，你需要树立正确的价值观和人生观。在新时代背景下，你应该摒弃那种偏颇的以物质财富为唯一标准的评价体系，转而关注人的全面发展和幸福指数的提升。你应该尊重每个人的选择和努力，鼓励他们在自己的领域里发挥出更大的潜力和创造力。同时，你也应该关注社会的公平和正义，努力为消除贫富差距和社会不公现象作贡献，让每个人都能够享受到社会发展的成果。

因此，"以终为始，向死而生"的人生态度，让你不再盲目追求财富的唯一性，虽然我们整本书的内容一直在为这条路做铺垫，做准备。但你要知道，财富可以追求，但不可让其成为人生的唯一追求。

至少，就我目前所知道的，没有一个人是只为了追求财富而成功的，无论是那些大企业家还是巨富，都不会只追求财富。

第四章

见识——财富只属于有见识的人

≫ 经验永远大于经历 ≪

自从来到这个世界上，我们每一个人都在经历着各种事情。然而，如果我们仅仅只是经历，而没有将其转化成个人的经验，那么我们相当于白白浪费了这些宝贵的经历。

从一般性理解来看，经验通常指的是个人在特定领域或活动中通过实践积累的知识和技能。它强调的是通过实际操作和反思获得的深刻理解和能力。例如，一个程序员通过多年的编程工作积累了丰富的编程经验。

经历则是指个人在生活中所遇到的各种事件和情境，它涵盖了更广泛的生活体验，包括成功、失败、挑战和机遇等。经历不一定能直接转化为技能或知识，但它为个人提供了丰富的人生背景和视角。例如，一个人可能经历了多次职业转换，这些经历提高了他对不同行业的理解和适应能力。

经验与经历之间存在着关系。简单来讲，经验是经历的一部分，是在特定领域或活动中所获得的具体知识和技能。而经历则是更加广泛的概念，它包括了个人在生活中所遇到的所有事件和情境。经验通常是在经历的基础上形成的，通过不断地实践和反思，个人可以从经历中汲取教训，并将其转化为具体的知识和技能。

一个人可以经历很多事情，无论是成功还是失败，但他很可能只是拥有经历。这些经历对他来说，只是履历上可以增添的选项，而无法成为个人的能力。比如，小王走在路上，突然摔了一跤，把自己摔进了医院，这就是一次经历。而小王在摔了一跤之后，反思自己为什么会摔跤，是因为走路不当心还是那条路上本身就很滑。如果是前者，那自己今后走路的时候就小心点；如果是后者，则下一次尽量避开那样的道路。这就是一次由经历转化而成的经验。

经验的积累对于个人的成长和发展至关重要。它使个人在特定领域中具备了更高的专业素养和能力，能够更好地应对各种挑战和问题。经验丰富的人在解决问题时往往能够更加迅速地找到解决方案，并且能够从过去的经验中汲取教训，避免重复犯错。经验还可以帮助个人更好地理解自己的优势和劣势，从而更好地发挥自己的潜力。

因此，你所经历的每一件事，都应被视为一次宝贵的机会，并将其转化为更有价值的经验。这需要你在开始做任何事情之前就确保自己拥有积极的心态，并且在整个过程中保持这种态度。

你需要明确一点：在做事的过程中，千万不能虎头蛇尾。这意味着你不能只在事情开始时充满热情和动力，而到了后期就逐渐失去兴趣或动力。这样的做法只会让你错失将事情做到极致的机会，也会让你错过从中获取宝贵经验的机会。

当然，你也不能敷衍了事。这意味着你不能只是走过场，不能只是为了完成任务而完成任务。如果你这样做，那么你所做的事情只会成为你的负担，而不是你成长的助力。你可能会觉得自己只是在浪费时间，而没有真正从中获得任何有价值的东西。

这也是我之前告诉你要认真对待工作的原因。工作不仅仅是为了赚钱，更是为了学习和成长。每一份工作都有其独特的价值和意义，都能为你提供不同的知识和技能。如果你在工作中摸鱼，那么你不仅会浪费自己的时间，也会错失提升自己的机会。

的确，工作中有很多摸鱼的机会，比如，做一些无关紧要的事情，或者找个借口来逃避责任。但是，如果你真的选择这样做，那么你这份工作更多的只会是一份经历，而不是一份真正的成长。你会错过那些能够让你变得更强大的机会，也会错过那些能够让你更加了解自己和世界的机会。

除此之外，只有经验才有助于复盘，从而形成良性的结果。

≫ 见小利，则大事不成 ≪

孔子曾言："无欲速，无见小利。欲速，则不达；见小利，则大事不成。"这句话深刻地揭示了成功与财富自由的真谛，它们并不是一蹴而就的，而是需要经历一个漫长的积累过程。在这个过程中，坚定的信念和永不服输的勇气是不可或缺的，同时还需要具备不被小利所诱惑的智慧。

在动荡的三国时期，曹操曾对对手袁绍做出过深刻的评价："干大事而惜身，见小利而忘命。"尽管在当时，曹操在人才、军力和战备等方面都远远落后于袁绍，但他却敏锐地洞察到袁绍的致命弱点——容易被小利诱惑，从而忘记更为重要的大局。这种性格特点成了袁绍通往成功之路上的最大障碍。

之后袁绍的发展也正如曹操所预料的那样，在官渡之战中，曹操虽然处于劣势，但他凭借着对局势的精准把握和对人性的深刻理解，最终成功击败了袁绍，并夺取了袁绍的四州之地。

那些只注重眼前小利的人，往往缺乏长远的眼光和思考。他们容易被眼前的二三事所迷惑，无法看到更广阔的未来和可能性。这种短视的行为，在个人层面上，可能会导致他们在人生道路上浪费大量的精力和时间，因为他们总是被眼前的小利吸引，而忽略了更重要的长期发展和目标。

从更广泛的社会角度来看，这种追求短期利益的行为可能会带来更加严重的后果。有些人可能会为了一时的利益，不惜做出违背法律、道德甚至伤害他人的事情。这样的行为不仅会对他人造成伤害，也会对社会造成负面影响。

从心理学的角度来看，人们常常会受到即时满足的吸引，这被称为"即时倾向"。它揭示了人们在面对诱惑和挑战时，往往会优先考虑眼前的快乐和满足，而忽视长远的利益。尤其是人们在面对选择时，偏向于追求短期的利益，哪怕这些利益可能会对长远的目标带来负面影响。

例如，一个学生在面临即将到来的考试时，他可能会选择去玩电子游戏，而不是去复习准备考试。这是因为玩电子游戏能给他带来即时的快乐和满足感，而复习考试则需要他投入大量的时间和精力，且结果还不确定。这种即时倾向的存在，使得他在短期内选择了更易获得快乐的方式，而忽视了长期目标的重要性。

"即时倾向"并非个别人的特性，而是普遍存在于人类的心理机制中，是我们在进化过程中形成的一种生存策略。然而，在现代社会，这种即时倾向可能会对我们的学习和工作带来负面影响。因此，我们需要通过自我控制和规划，来克服这种倾向，以实现我们的长期目标。

除此之外，在经济学领域，我们也经常观察到一种现象，这种现象与"时间偏好"理论有着密切的联系。"时间偏好"这一概念，主要描述的是个人在面对当前消费和未来消费时的选择倾向。

具体来说，时间偏好反映了一个人对于现在消费和未来消费的相对重视程度。如果一个人具有高时间偏好，那么他更倾向于追求眼前的、即时的消费满足，而不是把资源或收入留到未来去消费。这种倾向性在日常生活中表现得非常明显，比如，有些人可能更愿意立即购买心仪的商品，而不是等到打折季节，或者有些人更愿意将钱花在即时的快乐上，而不是存入银行以获取未来的利息收益。

高时间偏好的个体往往对短期利益有着强烈的追求。他们可能会因为想要快速实现某种目标或获得某种满足，而选择那些能够立即带来回报的方式，哪怕这些方式从长期来看并不是最优选择。这种短期行为模式在某些情况下可能会导致他们在进行长期规划和投资时显得不够积极。而这种时间偏好，对于财富的积累并不利，因为财富积累是一个长期的过程。

最后，从个人发展的角度来看，过分追求短期利益也会对个人的成长和进步产生负面影响，让你距离财富越来越远。

过分追求短期利益会导致个人在职业规划上缺乏长远眼光。比如，你如果只关注眼前的职位晋升，而忽视个人技能和知识的提升，那么你就会陷入一种短视的循环中。这种循环使你在面对更高级别的职位挑战时，由于缺乏必要的技能和知识储备，无法胜任新的工作职责，从而限制了你未来的职业发展。

过分追求短期利益也会导致个人在学习和成长上的投资不足。为了迅速获得短期利益，你可能会选择放弃长期学习和培训机会，转而投入看似能够立即带来回报的工作中。然而，这种做法往往会使你在知识和技能上的积累变得薄弱，无法适应不断变化的职业环境和市场需求，最终影响个人的职业竞争力和发展潜力。

此外，过分追求短期利益还可能影响个人的心理健康和人际关系。当你过于关注短期利益时，你可能会忽视与同事、上级和下属之间的良好沟通和合作，导致人际关系紧张，甚至影响整个团队的氛围和工作效率。同时，长期处于高压和焦虑的状态中，也可能对个人的心理健康造成不良影响，进一步影响工作和生活的质量。

≫ 不要害怕失败，越早失败越好 ≪

在追求财富的道路上，难免会遇到失败。

首先，在遇到失败的时候，不要害怕，因为这是一条必经之路。害怕失败可能会引发一系列的心理和情绪反应。这些反应不仅会影响个人的心理健康，还可能对日常生活产生深远的影响。

首先，害怕失败会导致焦虑和压力的增加。这种焦虑和压力可能会持续存在，成为个人生活中的一种常态。如《内向者的能量》一书中提到的，过度担忧失败可能导致失眠和身体精神状态欠佳。这是因为当一个人过于担心失败时，他的大脑会不断地在思考和担忧，这种持续的思维活动会导致大脑无法得到充分的休息和放松，从而影响睡眠质量。同时，长期的焦虑和压力也会对身体产生负面影响，导致身体精神状态欠佳。

其次，害怕失败还可能导致自我效能感降低。自我效能感是指个人对自己完成某项任务的能力的信心。比如，当你经常遭遇失败，或者过于担心失败时，你可能会逐渐失去对自己能力认可的信心，认为自己无法完成任务或达到预期目标。这种自我效能感的降低会进一步影响你的自尊和自信。

因此，对于失败，你应该将其当作一件平常事。当年明月在《明朝那些事儿》中提到朱元璋的时候，曾说："走上了这条路，就不能再回头。"古今中外，但凡成大事者，都要有这种心态，否则在一开始就会被淘汰出局。既然你已决定要追求财富，要在今后成为一个成功的人，那就不能过于害怕失败。

还有一点，既然失败是无法避免的，那么早一点失败总比晚一点失败要好。也就是说，如果要失败，那就趁早失败。因为一个人年轻的时候，总还有重新再来的机会，他也有充沛的精力来面对失败后的世界，但若是一个中年人失败，他很可能会一蹶不振。

年轻人拥有更多的时间和机会去尝试不同的事物。他们可以勇敢地追求自己的梦想和目标，即使失败了，也可以从失败中吸取教训，重新规划自己的未来。他们的身体和心理状态都处于最佳状态，能够更好地应对失败带来的挑战和压力。

相反，如果一个中年人遭遇失败，可能会面临更大的困难。中年人通常承担着更多的责任和压力，他们可能有更多的家庭和事业上的承诺。一旦失败，他们可能会无法承受打击，甚至失去重新开始的勇气。

当然，我的意思并不是让你去刻意追求失败，而是把失败看作一种人生经历。当你选择投资的时候，也可以将其当成一条经验。年轻的时候，你可以选择一些高收益且高风险的理财产品，因为这个时候的你，正处于人生中精力最旺盛的黄金时期，一两次的失败并不算什么，你完全有重新爬起来的机会和可能。年纪稍大一些后，就要选择低风险的，哪怕收益低一点的理财产品。因为这个时候的你，最好不要再瞎折腾。随着一个人年龄的增长，他的财富大概率来讲是会增加的，若这个时候还选择冲动冒险，不仅很难从失败中走出来，还可能会将多年的积蓄全部搭进去。

≫ 比贫穷更可怕的是什么？ ≪

贫穷固然可怕，但只要你方法得当，思维跟得上，这一切都是可以改变的。然而，一旦你的思维一直停留在桃源地，抱残守缺，那么不仅贫穷会成为你难以摆脱的影子，甚至连你的生活都会鸡飞狗跳，一片狼藉。

因为，比贫穷更可怕的是缺乏见识。

没有见识，视野就会被局限。你可能有过这样的经历：和某些人讲道理时，无论你怎么解释，他们都无法理解你的观点。这并不是因为他们故意要和你作对，而是因为他们的见识有限，大家的认知水平根本不在一个层次上。

这种情况在《庄子·外篇·秋水》中也有类似的描述："夏虫不可以语于冰者，笃于时也；曲士不可以语于道者，束于教也。"这句话的意思是说，夏天的虫子无法理解冰的存在，因为它们生活在一个温暖的世界里；同样地，那些被狭隘教育束缚的人也无法理解更高层次的道理。

这种现象的出现，往往是由于人们缺乏广泛的知识和经验，导致他们的思维被局限在一个狭小的范围内。他们可能只了解自己所熟悉的领域，对于其他领域的知识和观点缺乏认识和了解。

《管道的故事》这本书讲述了在意大利的一座宁静的小山村中，两位有着共同梦想的年轻人柏波罗与布鲁诺的生活轨迹。他们的梦想是摆脱贫困，成为富有的人。

一天，他们获得了一份看似普通的工作：从附近的河流中提取清水，然后运送到村庄中心的蓄水池。开始时，他们的工作方式相同：使用水桶从河中取水，再倒入村广场的水池中。每提一桶水，村民就会支付一分钱作为报酬，所以提的水越多，赚的钱也就越多。

布鲁诺对这种稳定的生活感到非常满意，他高兴地说："我们的梦想终于实现了！"他对未来的计划很简单：每天持续打水、赚钱，然后用这些钱买新衣服、建房子。但柏波罗却对这种重复劳动的生活方式感到不满。他思考了很长时间，最后提出了一个大胆的建议：为什么不建一条管道，直接将河水引入村庄呢？这样不仅可以节省大量的劳力，还能确保水源的稳定供应。

然而，布鲁诺对这个建议并不感兴趣。他认为这是一个不切实际的想法，他更喜欢每天有稳定的收入和简单的生活方式。尽管两人的初衷都是想要变得富有，但他们选择的道路和方法却是截然不同的。

柏波罗将时间分配为两部分，一部分用于打水，另一部分则投入到建管道的工作中。从他开始建管道的那一天起，他的收入明显减少，这让村民们开始嘲笑他是"管道人"。

在接下来的两年里，柏波罗的收入一直无法与布鲁诺相比。布鲁诺得意扬扬地嘲笑柏波罗的行为是多么荒唐。然而，当管道终于竣工，清水直接引到村里时，布鲁诺却愣住了。因为这时他已经彻底失去了工作，没有人再需要他打水了。而柏波罗呢？他凭借管道赚得盆满钵满。

布鲁诺之所以拒绝建管道，是因为他过于依赖打水、领钱的稳定生活，根本不相信管道能在未来带来收益。拥有这种思维方式的人并不少见，他们只关注眼前的利益，目光短浅。在面临抉择时，他们更倾向于选择一个更为确定的结果，而不愿意去做那些暂时无法带来收益但具有长远价值的事情。

目光短浅是人发展受限的重要原因之一，主要是因为人的见识有限。许多人只关注眼前的利益，而忽视了长远的规划和未来的发展，这点在之前的内容中有所提及——见小利，则大事难成。他们不愿意为了未来的幸福忍受眼前的辛苦和艰难，这种思维方式限制了他们的成长和进步。

你的思维方式决定了你的成长高度，你的思维格局决定了你的人生高度。如果你的思维格局狭窄，那么你的人生也会受到限制。相反，如果你拥有广阔的思维格局，你会看到更多的机会和可能性，从而能够实现更大的成功。

比贫穷更可怕的是走不出思维怪圈。思维怪圈是指一种固定的思维方式，使人陷入其中无法自拔。这种思维方式限制了人的创造力和想象力，使他们无法看到问题的不同角度、无法想到新的解决方案。要想改变生活，首先要改变思维方式。只有通过改变思维方式，才能打破思维怪圈，开启新的可能性。

若你改变了思维方式，人生处处皆有峰回路转的可能。当你改变思维方式时，你会开始从多个角度思考问题，寻找新的解决方案。你会发现自己能够更好地应对挑战和困难，因为你已经具备了更加灵活和创造性的思维。这样的思维方式将为你带来更多的机会和成功，让你在人生的旅途中不断攀越高峰。

≫ 培养一个局外人视角 ≪

为什么我要劝你广开言路，耳听八方，不要局限在自己的小世界里面？

因为哥德尔不完备定理。

哥德尔不完备定理说的是，在一个封闭的系统内，在这个公理体系里面，总会存在一些无法在这个体系内判断真假的命题。

最早，哥德尔不完备定理属于数学的范畴。20 世纪初，大数学家希尔伯特试图建立一套完整的数学体系，在这个体系里面，所有的数学命题都可以互为印证，互相自洽，没有任何逻辑上的矛盾。但不久之后，哥德尔却敲碎了这个梦境般的乌托邦，他证明了，在数学体系中，就算推导过程准确无误，也会存在一些命题，确实无法判断它是正确的还是错误的。

这并不是说我们无法证明这些命题的正确与否，而是在本体系内部，是永远无法证明的。除非我们引入外部系统，但这又会妨碍原体系的自洽性。

正如量子力学中的不确定性原理，我们不可能同时都拥有自洽性与真实性，只能忍痛割爱，选其一。

其实，不只是数学，甚至整个社会与文化都符合哥德尔不完备定理。

比如，一些人觉得某种投资方式很厉害。其实，整个金融就是一个体系，如果你站在这个体系内部，可以获得自洽性，但是对不起，你无法判断它是真的靠谱还是虚假的繁荣，意思是说，你无法判断它是好是坏，以及好在哪里、坏在哪里。

那如果一个人硬要判断，也不是没有办法。他可以引入一个外部系统，一个不同于该投资方式的另一个系统，但正因为引入了一个外部系统，这也必然造成原体系的自洽性崩坏。

站在系统内部看系统，正如你用力地向上拔自己的头发，无论用多大力，你都无法离开地面。

再如，现在有一台超级计算机，其存储量是正无穷，它所具有的知识完备到连自身内部结构的所有细节都掌握得一清二楚，那么，它是否就是无敌的呢，是否就能预测未来呢？

一旦有人开始分析这台计算机内部每一个原子的状态，那么这个系统就崩溃了。首先，计算机需要将自己的分析，也就是信息，存储于自己存储器之中，而这些信息本身就是由原子构成的，这些原子的排列信息也必然是计算机本来就该知道的。这就带来了一个悖论，即由计算机分析而产生的原子，原本就是计算机所拥有的，换句话讲，计算机在创造一些它本该就拥有的原子。除非计算机将自己分析所产生的原子存储于一个外部的存储器中，这个悖论就不再是悖论了，但这恰恰相当于引入了一个外部系统。

假如将我们的宇宙比作一个系统，这也就意味着，有些东西是我们永远无法知道的。比如，有人说这个宇宙是多维的，但数学上却说明了，如果这个宇宙不是三维的，那么行星运转的轨道就不会是有规律的，而是随意的，这样的宇宙必然不会允许有生命的存在。

然而，在日常生活中，比如在交流观点的时候，我们可以跳出自己的既有视角，换一个局外人的视角去审视自己，从而发现自己的不足。但我们却无法跳出这个我们赖以生存的宇宙。至少就目前以及很长的一段未来来讲，宇宙之外究竟是否存在都是一个未知数，因此，对于我们这个宇宙的一些公理，我们无法知道它是对是错，只能姑且先假定它是正确的。

站在系统内部，可以构建出一套自洽的理论，但却落入了一个死循环，很多时候，你还为此沾沾自喜，以为自己站在了真理这一边，以为自己真的能赚到钱。

俗话说，是骡子是马，拉出来遛遛，说的也正是这个道理。在系统内部，你根本无法判断它是骡子还是马。这也正是为什么你要培养一个局外人的视角，毕竟，财富是自己辛辛苦苦挣来的，尤其是在追求财富的路上，一不小心，你就可能血本无归。

一个人一旦陷入了"某某一定就是正确的"思维中，往往就是灾难的开始。

≫ 为自己留下一点冗余 ≪

在追求财富的路上，投资是一道跨不过去的坎。虽然我不会给你具体的投资建议，但在投资之前，我希望你能明白，永远不要"all in"，永远要给自己留下一个冗余空间，也就是退路。

在技术领域，冗余通常指的是在系统或设备中为了提高其可靠性和安全性而额外增加的组件或功能。例如，在计算机网络中，冗余路由可以确保在主路由出现故障时，数据仍然可以通过备用路由传输。在航空领域，飞机的多个发动机也是一种冗余设计，以确保即使一个发动机失效，飞机仍能安全飞行。

简单来讲，冗余代表着安全，也就是说，这条路如果走不通，还不至于绝望，因为早在之前，我们就准备了另一条路，这条路可以是其他前进的路，也可以是退路。

在投资领域，为自己预留一条退路是一种明智的策略，它有助于平衡潜在的风险。正如我们在这个世界上所看到的，那些成功的创新者在冒险时往往展现出一种独特的平衡技巧：他们在某一个领域可能会冒极高的风险，但在其他领域却表现得异常谨慎。这种策略的核心思想在于通过多样化的投资组合来分散风险，从而降低整体的风险暴露。

具体来说，这意味着你不会将所有资金都投入一个高风险的项目或市场中。相反，你会有意识地选择一些相对稳定、风险较低的投资渠道，以确保即使某个高风险项目未能如预期那样带来回报，你仍然有其他的投资或收入来源可以依赖。

这种做法不仅保护你免受单一市场或项目的不利影响，还能确保在面对不确定性和市场波动时，你有足够的资金流来应对可能的挑战。因此，预留退路并不是一种消极的投资态度，而是一种深思熟虑的策略，旨在通过多元化投资来实现长期稳定的财务增长。

同时，留一条退路也为你提供了一种心理上的保障。这种保障能够有效地减轻投资过程中可能产生的焦虑和压力，让你能够在更加冷静和理性的状态下进行决策。

首先，当你在面对不确定的市场环境时，留有冗余空间就意味着有一个预先设定的安全感。这个安全感可以是一定的现金储备、多样化的投资组合或者是预设的止损点。当市场出现不利情况时，这个安全感能够让你有足够的时间和空间来重新评估市场状况，而不是在负面情绪的影响下匆忙做出决策。

其次，这种安全感还能够减少你因为过度担忧而产生的非理性行为。在没有退路的情况下，你可能会因为害怕损失而过早地卖出资产，或者因为贪婪而盲目地追高。而有了退路，你则可以更加客观地分析市场动态，根据实际数据和趋势来调整自己的投资策略，而不是被情绪所左右。

此外，如果你追求的是长远的理想和信念，那么生活中的基本需求和稳定的生活状态自然会在这个过程中得到满足。这是因为一个明智的投资策略会考虑到长期的收益和风险平衡，而不仅仅是追求短期的利益。因此，你不需要过于担忧短期内的波动，而是应该专注于长期的投资目标和策略。

当然，在实际操作中，留一条退路也意味着你要在投资组合中保持一定的流动性，确保在需要时可以迅速调整策略或退出投资。这种流动性对于应对市场的不确定性和突发事件至关重要。

当市场出现突然的下跌或上涨时，你可能会感到恐慌或过度兴奋，从而做出冲动的决策。然而，如果你在投资组合中保留了一定的流动性，你就有更多的时间和空间来评估市场情况，并做出更加明智的决策。你可以选择继续持有股票，等待市场的回升，或者在适当的时候逐步退出投资，以减少潜在的损失。

众所周知，市场的变化往往是不可预测的，而留有一定的流动性可以使你更具弹性地应对这些变化。无论是面对经济衰退、政治动荡还是自然灾害等突发事件，你都可以利用保留的流动性来调整投资组合，降低风险敞口，或者寻找其他更有前景的投资机会。

最后，你需要知道，在商业和金融领域，有时候将事情做绝并不是最佳选择。保留一定的流动性可以让你在需要时有更多的选择权。你可以选择继续投资某个领域，或者转向其他更有潜力的行业或资产类别。这种流动性可以帮助你更好地把握市场机会，并在不断变化的市场环境中实现更高的投资回报。

≫ 人生最重要的投资标的物其实是你自己 ≪

无论你在这个世界上怎么样生活，也无论你对投资的热情是否高涨，实际上，从你出生的那一刻开始，你就一直处于投资的状态。无论是从小学到初中再到大学，还是进入社会后学习各种技能、建立人际关系等，这些都是一种投资。而这种投资的标的物，就是你自己的成长和进步。

人生中最好的投资标的物，其实就是你自己。因为投资自己，不仅可以提升个人的能力、知识和技能，还能够增强自信心和实现个人目标。通过不断学习和成长，你可以拓宽自己的视野，增强自己的竞争力，为未来的发展打下坚实的基础。

因为除去一些运气因素（比如买彩票中头奖），在这条通往财务独立和财富自由的道路上，真正能够成为你坚实后盾的，实际上只有你自己。你的决策、你的行动、你的坚持，以及你对目标的不懈追求，这些才是决定你能成功的关键因素。你需要依靠自己的智慧来制订计划，依靠自己的勤奋来执行计划，依靠自己的决心来克服道路上的困难和挑战。

这就需要你具备终身学习的能力。

将学习内化在自己的生命中，由外驱动转化为内驱动。

很多人对于"学习"的理解，仍然停留在传统的学校教育层面。他们认为学习就是阅读教科书，机械地记忆一些知识点，然后参加一系列的考试，考试结束后，往往很快就会遗忘这些知识点。

然而，这样的学习方式，其实并没有真正触及学习的精髓。学习不仅仅是被动地接受知识，更应该是一个主动的过程，带着自己的疑问和探索欲望去寻求答案。学习的途径并不局限于教科书，我们所处的整个社会，就像一所巨大的大学，里面蕴藏着无数的知识宝藏，等待着我们去发掘、去探寻。

在这个信息爆炸的时代，学习的方式已经不再局限于传统的课堂教育。你可以通过与不同的人建立联系，进行有意义的对话，或者向经验丰富的人请教……这些都是获取知识的有效方式。学习是一个持续不断的过程，你应该保持对知识的好奇心和求知欲，不断地探索和发现新的知识领域。

在现代社会，学习已经变得更加多元化和灵活。你可以通过互联网、社交媒体、在线课程等途径获取知识。同时，实践也是学习的重要一环。通过实际操作和实践经验，你可以更好地理解和掌握知识。

学习不仅仅是传统意义上的为了应付考试，更是为了提升自己的能力和素质。通过学习，你可以拓宽视野，增长见识，提高解决问题的能力。学习使你能够适应不断变化的环境和挑战，为自己的发展打下坚实的基础。当然，学习也将成为你通往财富自由之路的最好搭档。世界上那些拥有很多财富的人，没有一个是不学习的。

因此，你应该摒弃传统的学习观念，将学习视为一种积极的态度和行动。无论是在学校还是在社会中，你都应该积极主动地寻求学习的机会，不断地丰富自己的知识储备，提升自己的能力，成为一个终身学习者。

事实上，从你我诞生的那一刻开始，我们就在不断地学习。这种学习是自然而然的，是每个人与生俱来的能力。然而，很多时候，这种学习并不是主动的，而是被动的。被动学习意味着你在学习过程中缺乏主动性，只是被动地接受知识。这种学习方式不仅效率低下，而且往往缺乏对知识的深入理解和掌握。如果你总是等到需要某方面的知识时才去学习，那么往往会感到措手不及，学习效果也难以保证。

学习本身是一件充满乐趣的事情。比如，孩子们在游戏中，无论是玩丢沙包还是老鹰抓小鸡，他们实际上也在学习。他们通过游戏锻炼了协调能力、观察能力和团队合作能力。这些能力对他们的成长和发展都是非常重要的。

你之所以觉得学习是痛苦的，很大程度上是因为长期受应试教育的影响。应试教育过于注重考试成绩，而忽视了学习的乐趣和实际应用。这会导致你对学习产生了消极的态度，认为学习是一种负担和压力。

人的本性是追求进步的，这是深植于我们基因中的本能。试想，如果十年后的你，与今天的自己相比，没有任何进步或变化，你会满足吗？当然不会！每个人都渴望不断进步，不断提升自己的能力和素质。这也是主动学习如此重要的原因。

如果你的回答是"满足"，那我想，可能就连财富都要逐渐离你而去了呢。难道你想十年后的财富和现在一样吗？

第五章

格局——心的容量，决定一生的财富总量

➤ 格局究竟是什么？ ◀

在处理事务时，你应当始终以宽广的视角和长远的利益为衡量标准，进行精心的计算和考虑。实际上，能够做到并且持续保持"目光长远"的态度，就是一种格局的体现。

如果你非要将"看长远"的概念进行量化的话，那么不妨时常问自己这样一个问题：能否再进一步思考？对，不需要过于遥远，只需要比眼前多考虑一步即可。

这种思维方式可以帮助你在面对各种情况时，更加全面地考虑问题，避免因为短视而做出错误的决策。同时，这也有助于培养出一种大局观，让你能够在复杂的环境中保持清晰的思路和正确的方向。

我们常常用"鼠目寸光"来形容那些目光短浅、只图蝇头小利的人。这个成语生动地描绘了这种人的特点，他们往往只关注眼前的利益，而忽略了长远的发展和更广阔的视野。然而，这种"穷思维"并不仅仅是形容一个人的眼光问题，它更深层次地反映了一个人在判断事情利弊时的思维方式。

"穷思维"是一种狭隘的思维方式，它使人们在面对问题时，往往只基于眼前这一刻的情况进行判断和决策。这种思维方式缺乏前瞻性和全局观，无法考虑到事物发展的多种可能性和潜在的影响。因此，人们在这种思维方式下做出的决策往往只能解决眼前的小问题，而无法应对更大范围的挑战和机遇。

认知的局限性是导致"穷思维"的重要原因之一。当人们的认知受到限制时，他们很难看到问题的本质和更深层次的联系。这种认知的局限不仅限制了人们的视野，也封印了更多的可能。因为只有当我们能够超越眼前的局限，拓宽自己的认知边界，才能更好地理解和把握事物的全貌，从而做出更为明智和全面的决策。

因此，要摆脱"穷思维"的束缚，你需要不断提升自己的认知水平。这包括学习新知识、接触不同的思维方式和观点，以及培养批判性的思维能力。通过不断地学习和思考，你可以逐渐拓宽自己的视野，提高对事物的理解和判断能力。只有这样，你才能在面对问题时，不仅仅局限于眼前的一刻，而是能够多想一步，看到更多的可能性。

与之相对，"富思维"是一种超越眼前利益评判的思维方式。在判断事情的好坏时，它不会急于进行表面分析，而是将事件置于一个更宏大的系统中进行考量。这个系统可以是发展趋势，也可以是个人或团队的愿景目标。通过评估这件事是否有助于实现长远目标，如跨阶层发展，然后你再决定是否采取行动。

这种思维方式强调了对事物背后更深层次因素的关注和理解。它要求你不仅仅要看到眼前的利益得失，还要从更广阔的视角来审视问题。例如，当你面临一个决策时，你可以先考虑这个决策是否符合行业的发展趋势，是否能够为自己带来长期的收益和成长。如果答案是肯定的，那么即使短期内可能面临一些困难和挑战，你也应该勇敢地去做。

此外，"富思维"还强调了个人或团队愿景目标的重要性。你的愿景目标可以是个人追求的职业成就、社会影响力或个人成长等方面的目标。当你面临选择时，你应该考虑这个选择是否能够帮助自己实现这些愿景目标。如果某个决策与你的目标背道而驰，即使它可能会在短期内带来一些好处，你也应当谨慎考虑并权衡利弊，甚至直接放弃。

从人性的本质上来看，人们更倾向于获得即时的反馈。这是因为我们往往容易失去耐心，这在很大程度上是受基因的影响。因此，对于许多人来说，一夜暴富成了他们的梦想，他们往往为了短期的利益而忽视了长期的积累和努力。然而，只有通过长时间的积累和沉淀，你才能在关键时刻爆发出强大的力量。试图以狭窄的视野去追求那种大爆发式的增长，显然是不切实际的。

所谓的"富思维"，其实就是一种能够理性地认识到这种不切实际的想法，并且能够更加有耐心、看得更长远的思维方式。如果你能够养成延迟判断的习惯，就不会那么轻易地在一开始就判定某件事情是有用还是无用。这种思维方式能够帮助你更加深入地了解事物的本质，从而做出更加明智的决策。

相对而言，"穷思维"是一种认知上的封印，它使你无法再有任何进步，这是一种短视的行为；而"富思维"则是不断地迭代、持续地进化，这就是一种目光长远的思维方式。通过不断地学习和进步，你可以更好地适应这个不断变化的世界，从而实现自己的财富自由之梦。

➢ 追逐财富之路，从学会做减法开始 ≪

无论是人生还是财富，你都要学会做减法，因为世界上的事情太多，但并不是每一件都值得去做。你要挑重要的去做，这样才能提升你的整体效率，从而更容易积累到财富。

在追求财富的过程中，你往往会面临各种诱惑和选择。学会做减法意味着明确自己的核心目标，剔除那些与核心目标不符的次要目标和活动。

例如，如果一个人的核心目标是实现财务自由，那么他在还没达到目标之前，要减少在奢侈品上的消费。这是因为奢侈品通常价格昂贵，而且往往不具备长期价值。通过减少在奢侈品上的消费，他就可以将更多的资金用于投资，从而更有可能实现财务自由的目标。

在日常生活中，你也常常面临各种消费诱惑和压力。有时，你可能会因为一时的冲动或者社会的压力而进行不必要的消费。这些消费往往超出了你的实际需求，不仅浪费了有限的资金，也对未来的规划造成了负面影响。

因此，你需要学会做减法。这意味着你要识别并减少那些非必要的开支。通过仔细审视自己的消费习惯，你可以发现很多可以削减的地方。比如，你可以通过减少购买不必要的物品，避免重复购买已经拥有的东西，以及选择更经济实惠的替代品等方式来减少开支。

学会做减法的好处不仅仅在于节省资金。当你减少不必要的消费时，也在为环境作出贡献。过度消费会导致资源浪费和环境破坏。通过减少外卖和快餐的消费，你不仅可以节省开支，还能够减少对环境的负面影响。

此外，减少不必要的消费还可以培养健康的生活方式。外卖和快餐通常含有较高的油脂、盐分和添加剂，长期食用可能对健康产生不利影响。通过自己动手做饭，你可以选择更健康的食材和烹饪方式，从而改善饮食习惯，提高生活质量。毕竟，一个真正富有的人，不光光是指拥有财富，更是指生活品质的富足。

在投资领域，采取"减法"策略同样具有其独特的价值。这种策略的核心在于专注那些能够带来稳定回报的投资项目，而不是盲目地追求高风险与高回报并存的投资机会。

这种策略需要你对自身的投资组合进行细致的审视和调整。你要尽可能地减少对那些波动性较大的股票的投资，因为这些股票虽然有可能带来高额的回报，但同时也伴随着较高的风险。在市场不稳定或经济前景不明朗的情况下，这类股票的价格可能会出现大幅波动，存在较高的亏损风险。

相反，你要增加对债券等更稳定资产的投资。这些资产通常被认为具有较低的风险，因为它们的价值不像股票那样频繁地大幅波动。债券投资通常能够提供固定的利息收入。

此外，这种"减法"策略还涉及对投资组合的多元化配置。你要学会将资金分散，投资不同的资产类别和行业，以降低单一投资带来的风险。通过这种方式，即使某个行业或资产类别出现不利情况，其他投资仍然可能保持稳定或增值，从而为整个投资组合提供一定的保护。这一点，在之前的篇章中已作过说明。

最后一点，时间和精力的管理同样重要，在这方面，你也要学会做减法。比如，减少在社交媒体上的时间，将更多的时间投入到能够提升个人能力和职业发展的活动中。

举个例子，社交媒体是一个典型的时间消耗者。很多人每天都会花费大量的时间在社交媒体上浏览、点赞、评论和分享。然而，这些活动往往并不能带来实质性的收益。相反，它们可能会分散你的注意力，使你无法集中精力去完成更有意义的工作。因此，你应该有意识地减少在社交媒体上的时间，将更多的时间投入到能够带来财富增长的活动中，比如学习及有效社交。

那么，如何做到这一点呢？首先，你可以设定一个每天使用社交媒体的时间限制。例如，每天只允许自己使用社交媒体30分钟。这样，你就可以更加专注地利用剩余的时间去学习新知识、提升技能或者进行其他有益的活动。其次，你可以选择关闭社交媒体的通知功能，以减少被打扰的次数。这样一来，你就可以更好地控制自己的时间，避免被社交媒体上无关紧要的信息干扰。如果这些方法对你都没用，那么将手机放在隔壁的房间（离你工作的地方远一点），也是一个不错的选择。

此外，你还可以通过制订计划和设立目标来管理时间和精力。每天开始之前，你可以列出当天要完成的任务和目标，并按照优先级进行排序。这样，你就可以更加有针对性地安排时间和精力，确保将有限的资源投入到更重要的事情上。同时，你还可以利用一些时间管理工具，如番茄工作法或者时间跟踪器，来帮助自己更好地掌控时间，提高工作效率。

≫ 别被"沉没成本"绑架 ≪

当你决定是否坚持去做一件事情的时候，不仅是看这件事对自己有没有好处，而且也要看过去是不是已经在这件事情上有过投入。这种投入可能是时间、金钱、精力等各方面的资源。人们往往会被这些已经投入的成本所束缚，即使当前的决策已经不再与这些成本相关，他们仍然会因为不想浪费之前的投入而继续坚持。

这种现象在心理学中被称为"沉没成本谬误"，它指的是人们在面对决策时，往往过于关注已经发生且无法挽回的成本，而忽视了未来可能带来的收益和损失。这种思维方式会导致人们做出不理智的决策，因为他们过于关注过去的投入，而忽略了当前的情况和未来的前景。

然而，人们为什么会被内心真实的需求束缚呢？这主要是因为人们对于自己的期望和目标有着强烈的追求。他们希望能够实现自己的梦想和理想，因此会不断地投入时间和精力去追求这些目标。然而，当他们发现自己的努力并没有达到预期效果时，他们可能会感到失望和沮丧。这种情绪会影响他们的决策，使他们更倾向于坚持原有的选择，而不是重新评估情况并做出更明智的决策。

此外，人们还会受到社会和文化的影响。在某些情况下，放弃一个已经投入大量资源的事情可能会被视为失败或承认错误。这种社会压力和对失败的恐惧也会使人们更容易被内心真实的需求束缚。他们害怕失去面子或者被他人嘲笑，因此宁愿坚持错误的决策，也不愿意面对现实并做出改变。

因为"沉没成本"的存在，人们在面对投入了大量时间或金钱的事情时，往往不会轻易放弃，即使面临困难也会坚持到底。

首先，大部分人普遍不喜欢后悔的感觉。一旦在某件事情上投入了资源，尤其是那些无法回收的资源，如时间和金钱，人们就会倾向于继续投入，以避免之前的付出变得毫无意义。人们往往会因为已经投入的成本而继续一个项目或行为，而不是基于当前的情况做出理性判断。

其次，人们通常不愿意接受自己投入的资源被浪费。在现代社会中，资源是宝贵的，无论是时间还是金钱，一旦投入就很难收回。因此，当人们在某件事情上已经投入了很多资源时，他们可能会觉得只有继续下去才能确保这些投入不被浪费。

此外，很多人还抱有侥幸心理，希望事情能够按照自己的意愿发展。这种心理在赌徒中尤为明显，赌徒们往往相信下一次就能赢回之前的损失，甚至大赚一笔。这种心理也体现在其他领域，尤其是在投资、创业等，人们总是期待着好的结果，即使现实情况可能并不乐观。因此，在追求财富的你，特别要关注这一点，要尽可能早点知道这种心理机制，以免以后落入这种思维方式的陷阱中。

一旦被"沉没成本"拖下水，人们的关注点就会从"我要什么"转为"我不要什么"。这可能会带来一系列的问题和挑战。

首先,当人们的关注点转向"我不要什么"时,他们的思维方式也会发生改变。原本追求目标的积极态度可能被消极的想法所取代,例如,"我不能失败"或"我不能让我之前的投资白费"。这种思维方式可能导致人们在面对困境时选择坚持而不是果断地放弃,即使坚持下去可能没有回报。

其次,被"沉没成本"绑架意味着人们陷入了一种被动的状态中。他们可能感到无法摆脱过去的投资或决策,因为他们不想承认自己的错误或失败。这种情绪上的束缚可能使人们在面对新的机遇时犹豫不决,因为他们害怕再次犯错或遭受损失。

此外,被"沉没成本"绑架还可能导致人们陷入一种恶性循环中。他们可能会继续投入更多的时间、金钱和精力来挽救一个已经失败的项目,希望能够扭转局面。然而,这种做法往往只是延长了痛苦,并可能造成更大的损失。

最后,被"沉没成本"绑架还会影响人们的决策能力。他们可能会忽视其他更有潜力的机会,因为他们过于关注挽回已经失去的投资。这种偏执的态度可能导致他们错过更好的选择,从而错失实现更大成功的机会。

因此,一旦被"沉没成本"拖下水,你需要及时意识到这种思维方式的负面影响,并努力摆脱它的束缚。你应该重新审视自己的目标和价值观,以积极的态度面对困境,并做出明智的决策。只有这样,你才能摆脱"沉没成本"的困扰,将损失降到最低。

换句话讲,有些损失已经发生了,就让它随风而去吧,重要的不是

过去失去了什么，而是现在还有什么，以及未来还能做些什么。（当然，这并不包括继续在"沉没成本"上付出）

≫ 不要急着去反驳 ≪

吴军博士曾说，比如某个人和你讲了一件事，你的第一感觉是对方完全是在胡说八道。但是，一定要想第二遍，是否是自己错了，他对了，这一遍思考，一定不能假设自己是对的。如果这个时候你还是觉得自己是对的，那么再想第三遍，是不是自己的境界不够，不能理解他。

很多时候，我们在听到一个人讲话，或看到一篇报道的时候，脑海中会第一时间形成自己的判断，甚至认为对方是错的。但若是这样，你就失去了一次成长的机会。

维特根斯坦说，人类的语言具有局限性。实际上，对于生活在这个宇宙的我们来讲，不仅语言是如此，就连我们的思维也都是如此。我们并非拥有全知的上帝视角，对于别人的话、别人的人生也未必能全面理解，那些在你看来是错的话的背后，往往藏着你所不知道的事情与经历。

实际上，吴军的这段话，也与"不要轻易下结论"有着异曲同工之妙。这里再深入一步，不轻易下结论带来的好处，还会增强你的同理心，让你学会理解别人，你的情商也会随之提升。要知道，情商与财富之间可是正相关的。因为，要想获得大量财富，你必然要与他人进行合作，而情商便能让你在与他人合作的时候更顺利。

我一直关注某位科普博主，记得有一次，他讲到了"惯性力"，我在看的时候就觉得不对劲。因为在我的记忆中，我中学所学的物理知识中，惯性根本就不是一个力。

难道，他错了吗，会犯这么低级的错误？

我仔细想了想，不至于，那位科普博主的学识我还是了解的，大概率来讲，他不至于犯这么低级的错误。

他不会犯错，难道是我的理解出现了错误吗？

随后我去查了一下，果然发现，我之前的理解是有局限的。在中学，可能是为了方便大家理解或别的原因，课本就规定了"惯性不是力"。但如果你大学学的是物理，那么你就知道，惯性力也是一种力。

当我发现自己被局限的那一刹那，我突然有一种新世界被打开了的感觉。回过头去看，那条视频的评论里，出现了很多"恶语相向"的人，他们若是能够在写评论之前先过一遍脑子，自己去查一查，就会发现其实错的是自己。而正是因为他们的"急"，错过了一次可以获得新知的机会。这样的人，多半也不太可能会实现财富的稳步增长。

我们身边经常会出现这样的人，急于否定别人，甚至在对方话都没说完的情况下，就急于下结论。这样的人，在工作中基本也就是做着普通的活，晋升的可能性也不大。

很多人从小就被教育，思维要敏捷，因此社会普遍认为"思维快"才是好孩子、聪明的孩子。实际上，在这个社会中，人的智商基本差不多，反应也差不多，除去少数天才，绝大部分人的思维反应速度差不了多少。这个时候去争谁更快一点，就像是在争谁家的房子大那么几毫米一样，毫无意义，且吃力不讨好，边际效益很低。

　　而且，在追求财富的道路上，慢也有慢的好处，尤其是对思维和嘴巴来讲。

　　当然，也有一种情况，就是你听到别人的话，第一次觉得是对方错了，第二次还是觉得对方错了，第三次依然觉得对方错了。假设真实情况是对方本身就是错的，而且这种事发生的概率还不小，那么慢下来思考，对自己是否还有好处呢？依然有。

　　比如，对方追求"短、频、快"的赚钱方式，觉得短期内快速赚到钱才是聪明人，才是一个有能力的人。这样的观点，你无论想多少次，都觉得对方不靠谱。那么请你以后离这种人远一点，因为他这样的思维很可能会坑了他自己，甚至坑了身边的人。如果你在听第一遍的时候，就急于否定别人。你要是被对方记恨了，那也是一个麻烦。毕竟，和气生财也很重要。

　　这里其实也延伸出了一个词，成长。只有你肯去接纳别人，你才会有成长的机会。如果你总是抱守自己的观点，不进行第二遍、第三遍的思考，纵使你一直是对的，也会让你失去未来的可能性。

　　尤瓦尔·赫拉利在其著作《人类简史》中说道："我们之所以研究历史，不是为了要知道未来，而是要拓展视野，要了解现在的种种绝非'自然'，也并非无可避免。未来的可能性远超我们的想象。"

➢ 指数时代，要学会指数思维 ≪

美国麻省理工学院媒体实验室的前负责人伊藤穰一提出了一个引人深思的观点，他认为从 20 世纪末开始，人类就已经进入了所谓的"指数时代"。在这个指数时代，技术的变化呈现出一种前所未有的迅猛态势，它以惊人的速度不断超越人类的适应能力。

在这个指数时代，我们每天都被大量的信息包围着，这些信息中蕴含着无数的机遇和可能性。然而，面对这样的信息洪流，你又该如何应对呢？如果缺乏对信息精准识别的能力和对趋势的敏锐判断，那么即使是机遇摆在面前，也可能因为个人无法把握而变得毫无意义。

因此，在这个快速变化的时代，全面了解并运用"趋势思维"显得尤为重要。这种思维方式要求你不仅要关注眼前的信息，更要能够洞察其背后的趋势和规律，从而做出正确的判断和决策。只有这样，你才能在信息的海洋中找到真正的机遇，抓住它们，让它们为你所用。

人的每一次错误，要么是对趋势做出了误判，要么是在正确的趋势中表现出错误的行为方式，而这些都会让你陷入困局。因此，在不断发展变化的时代中，能力和勤奋固然重要，但还是需要掌握这个时代独有的特点。伊藤穰一提出，指数时代有三个特点：一是不对称性，二是复杂性，三是不确定性。

不对称性是指"以小博大"。在过去，以小博大经常出现在投机领域，指用小成本换来大价值。然而，在指数时代，以小博大被有识之士广泛用于生产经营中，借力发力，四两拨千斤。这种思维方式打破了人们的惯性思维：体量决定一切，规模大的企业会战胜规模小的企业。在指数时代，经常会出现以小博大的反例。（当然，这里的以小博大并不是让你做赌博等高风险的事情，因为这样，你所剩不多的财富也会很快灰飞烟灭）

传统媒体与新媒体之间的竞争就是一个很好的例子。在过去不到十年的时间里，传统媒体在传播方式和技术方面都被新媒体远远地甩在了后面。一些初创的新媒体公司，可能只有几个人、十几个人，但其战斗力却不容小觑。他们通过互动传播为受众提供个性化内容，极大地影响了人们的生活方式甚至舆论的走向。

那么，为什么会出现这样的不对称性呢？归根结底是互联网让一些边缘的、小众的东西可以瞬间聚集力量。一家初创小公司，可能会颠覆一个行业。这种现象在许多行业中都有所体现，比如科技、金融等。这些初创公司往往能够凭借其创新的产品和服务，迅速崛起并改变整个行业的格局。

这种不对称性导致了指数时代的第二个特点——复杂性，使我们所处的世界变得异常复杂。在这个世界中，各种事物之间的联系错综复杂，相互影响，使得分析和理解变得困难重重。（这也是为什么我会在本书一开始就告诉你，要摒弃简单的线性思维而要学会系统思维）

在过去，复杂系统的演化速度相对较慢。以诺基亚公司为例，这家历史悠久的企业成立于 1865 年，最初以伐木和造纸等业务为主。随着时间的推移，诺基亚逐渐转型，最终成为全球知名的手机制造商。在长达 14 年的时间里，诺基亚一直稳居手机市场的霸主地位，无人能敌。

然而，诺基亚的衰落却始于其在智能手机研发方面的落后。随着智能手机市场的崛起，诺基亚未能及时跟上这一趋势，导致其市场份额逐渐被竞争对手蚕食。从 2012 年第一季度开始，诺基亚的手机销量首次被三星超越。此后，诺基亚的业绩持续下滑，最终在 2014 年 4 月完成了与微软公司的手机业务交易，正式退出了手机市场。这一过程仅仅用了短短两年的时间。

诺基亚的兴衰历程充分说明了在互联网时代，我们所面对的世界复杂性正以前所未有的速度演变。互联网的普及和发展使得信息传播更加迅速，市场竞争更加激烈，企业和个人必须不断适应和应对这种快速变化的复杂环境。因此，理解和应对复杂性已经成为当今时代的一项重要挑战。

指数时代的第三个特点是不确定性。

回想起十年前，我刚毕业参加工作的时候有过一份堪称完美和可行的个人职业发展规划。然而，随着时间的推移，我逐渐发现，除了最初的一两年，职业规划中的其他部分早已在时代的变迁中变得面目全非。这是因为，在这个充满不确定性的时代，你永远无法预知下一秒会发生什么。这种不确定性不仅体现在宏观层面，也渗透到我们每个人的工作和生活中。

或许你会有疑问："不对称性、复杂性、不确定性和我有什么关系？我并不想创业，我也不想建立一个诺基亚公司，我只想安安稳稳地积累财富。"实际上，这三个特点正是指数时代的核心特征，它们直接关系到你的未来去向。在这个快速发展变化的时代，你不能再像过去那样，根据已有的经验来判断未来某件事情的发生概率。因为越来越多的事情变得不可预测，时代的浪潮正在推动你必须去面对这个问题。

简而言之，趋势思维在商业经营和个人职业规划中都起着至关重要的作用，当然，这对你今后的财富积累也有所帮助。只有具备这种思维方式，你才能够在时代的洪流中逐浪潮头，而不是被淹没在时代的浪潮中。因此，你应该不断提升自己的趋势判断能力，以应对未来的挑战和机遇。

≫ 学会拒绝，并不是因为冷漠 ≪

作家毕淑敏曾指出："拒绝是一种权利，就像生存是一种权利。"这句话简洁有力，蕴含着深远的意义。在大部分人的成长过程中，社会和教育往往强调的是宽容、善良和为他人着想的价值观。这些无疑是构建和谐社会的重要基石，但它们并不完整。

我们很少被教导如何在人际交往中恰当地运用拒绝这一工具。拒绝，并不是冷漠或不友好的表现，而是一种自我保护和界限设定的方式。它能够帮助我们维护个人的尊严和权益，防止自己被过度索取或侵犯。

在现实生活中，如果不能学会拒绝，你可能会发现自己陷入无尽的义务和期望之中，难以脱身。这不仅会消耗你的时间和精力，还可能导致心理上的压力和疲惫。因此，认识到拒绝的重要性，并在生活中恰当地运用它，是保持个人健康和幸福的关键，同样也会让你有更多的时间和精力用在自己重要的事情上，尤其是创造财富上。

设定清晰的界限同样至关重要。界限可以帮助你明确什么是可以接受的、什么是不可以接受的，从而保护你免受不必要的伤害。当有了明确的界限，你就能更好地掌握自己的生活，避免在人际关系中受到操控或利用。

在处理他人的请求时，你该如何定位自己的角色呢？根据亚当·格兰特教授的分类，一个组织内的成员可以被分为三种类型：自私的"索取者"、追求公平交换的"资源匹配者"，以及乐于助人的"给予者"。

索取者通常只关注个人利益，他们的行为往往导致人际关系紧张。因此，大多数人不愿成为这样的人，也讨厌这样的人。你要学会的，是能够成为后两种类型的人。

资源匹配者坚信一切行为都应以等价交换为前提。他们乐于助人，但前提是对方必须提供相应的回报。他们认为不求回报的付出是低价值的，因此，他们不吝于帮助别人，但前提是要有等价的回报。

在《蝙蝠侠·黑暗骑士》这部电影中，有一句话特别适合描述资源匹配者的心态："如果你擅长某件事，永远不要免费去做。"这句话意味着，如果你有某项技能或专长，你不应该无偿地为他人服务，而应该要求相应的回报。这与资源匹配者的价值观不谋而合。

资源匹配者认为，每一次的付出都应该得到相应的回报，无论是物质上的还是精神上的。他们相信，只有通过等价交换，才能确保自己的付出得到应有的价值认可。这种心态使他们在帮助别人的同时，也注重保护自己的利益和权益。

当然，这并不意味着资源匹配者都是自私的或者只关注个人利益。

相反，他们往往非常乐于助人，愿意分享自己的知识和经验。但是，他们强调的是，这种分享应该是基于互惠互利的原则，而不是单方面的付出。

在现实生活中，资源匹配者可能会在各个领域发挥作用。例如，在商业领域，他们可能会成为优秀的谈判专家或者交易高手；在社交场合，他们可能会成为善于交际和建立人脉的人；在学术领域，他们可能会成为严谨治学、注重成果的学者。无论在哪个领域，他们都坚持着等价交换的原则，追求着自己的目标和价值。

给予者的角色是复杂而微妙的。他们的行为不仅影响着自身的利益，还可能对整个组织的氛围和效率产生重要影响。因此，区分和理解不同类型的给予者至关重要。

"无私型给予者"通常被视为组织中的"老好人"，他们总是乐于助人，很少拒绝他人的请求。然而，这种无限制的慷慨往往会导致他们被他人随意差遣和利用。由于过分专注于帮助他人，他们可能会忽视自己的工作和需求，导致工作效率下降，甚至影响到个人的利益和职业发展。更为严重的是，这种类型的给予者有时会成为别有用心之人的"替罪羊"，承担不应有的责任和后果。

与"无私型给予者"形成鲜明对比的是"自我保护型给予者"。这类人在决定是否提供帮助之前，会仔细考虑对方的人品和动机。他们的给予行为是有选择性的，旨在为自己积累良好的人际关系，同时也为组织带来积极的贡献。这种策略性的帮助不仅能够保护他们免受不必要的损失，还能够确保他们的善举得到应有的认可和回报。

要想成为一名成功的"自我保护型给予者"，关键在于学会识别出哪些人值得帮助、哪些人应该婉拒。这里有两个重要的参考条件：

留心对方提出请求时的态度。一个真正值得帮助的人会在提出请求时设身处地为你着想，考虑你的能力和资源限制，以及你可能需要做出的牺牲。他们会表现出对你付出时间和努力的尊重，而不是仅仅将你视为达成目的的工具。

观察对方得到帮助后的反应。一个懂得感恩的人会在得到帮助后表现出满足和感激，而不是得寸进尺，提出更多无理的要求。他们会意识到你的帮助是一种宝贵的资源，使用这种资源并不是理所当然的权利。

第六章

财富——不必远求，让它自动跟随

➤ 如何看待金钱？ ◄

你如何看待金钱，其实在某一程度上决定了你这一生能拥有多少财富。正如有句话所说的，世界是一面巨大的镜子，当你对其微笑的时候，世界也会对你微笑。金钱也是如此。

很多人对金钱的理解都是有误的，比如他们认为，金钱是肮脏的，那些有钱人的财富大多是通过坑蒙拐骗赚来的。的确，这个世界上固然有那么一些人是通过欺骗等不正当手段获利的，但大部分人的金钱都是通过自己的辛勤劳动所得。

金钱，至少就其本身来讲，是中性的，它只不过是一种工具。金钱本无善恶，但获取和使用它们的人有善恶。

从经济学的角度来看，金钱作为交易的桥梁，极大地优化了交易流程，提升了交易的效率。它使得人们能够更加方便地获取自己所需的商品或服务，促进了商品和服务的流通，从而推动了经济的发展。

请试着想象一个没有金钱的社会，人们需要通过物物交换来获取所需的商品或服务，这种方式不仅烦琐，而且效率低下。而金钱的出现，使得人们可以通过一种通用的、被广泛接受的价值尺度来进行交易，大大提高了交易效率。

在现代社会，金钱已经成为获得商品和服务的主要手段。人们只需要通过支付一定数量的金钱，就可以获得自己所需的商品或服务，无须再进行烦琐的物物交换。

金钱的流通使得商品和服务能够在市场上自由流通，满足了人们的需求，同时也为生产者提供了销售市场，推动了经济的发展。

从社会的角度来看，金钱不仅是经济活动的媒介，也是社会价值的传递者。它通过在社会中的流通和分配，促进了社会资源的合理配置和社会财富的积累。然而，金钱本身并不创造价值，真正的价值创造者是劳动者。

金钱使得商品和服务能够在市场上进行交换，促进了贸易的发展和经济的增长。金钱的存在使得人们能够以货币的形式储存和转移财富，从而方便了个人和企业之间的交易和投资。这种流通性不仅提高了市场的效率，还为社会创造了更多的就业机会和经济增长点。

尽管金钱在经济中发挥着重要作用，但我们不能忽视劳动者在价值创造中的贡献。劳动者通过他们的劳动和智慧，创造出各种产品和服务，为社会提供了实际的价值。无论是农民耕种土地、工人制造产品，还是教师传授知识，他们都为社会的发展和进步作出了贡献。劳动者的努力和创造力是推动社会前进的动力源泉，他们才是金钱背后的推动力。

因此，如果你曾经"粪土当年万户侯"，那你现在应该好好认识一下金钱。我们人类如今所能获得的绝大多数的便利，其实都是建立在金钱之上。

你所要警惕的，并不是金钱本身，而是获取它的手段。只要是正当获利，都应该感到自豪。

劳动者无论是通过头脑还是通过体力劳动赚取金钱，一点都不丢人。

➢ 赚钱永远大于省钱 ≪

我以前认识一个朋友，他坐公交车的时候，哪怕在烈日炎炎的夏天，只要有一元钱的就坐一元钱的，绝不坐两元钱的空调车。哪怕等来了一辆空调车，他也不会上去，而是等下一辆一元钱的车过来。

我问他，为什么要这样呢，一元钱的区别有那么大吗？

他告诉我，人要学会省钱。

在很多老一辈人的眼里，这样的观念非常普遍。我们当然要理解他们是从物资短缺的时代过来的，要尊重他们的思想。但是我们自己也要有一个清醒的认识：财富永远不是省出来的，而是赚出来的。

很多人会将"省钱"与"节约钱"联系在一起，实际上这两者是有着本质区别的。节约钱是花钱但考虑性价比，省钱则是能不花就不花。

比如，大热天的想吃根冰棍，节约钱的人可能就会去买一根冰棍，但会选择性价比高的，他不会去买 5 元钱一根的，而是会选择 3 元钱一根的。而省钱则是想着还是不买了，回家喝点冰箱里的冰水。

很多人觉得省钱能创造财富，这恰恰是一种认知误区，我们只要瞧一瞧，那些世界富豪榜上的人，哪一个是靠省钱省出来的商业帝国。可能有人会说，那些富豪的确是通过赚钱赚来了财富，但在用钱上一向很省。比如李嘉诚，一件西服穿了十几年，一张纸正面用了以后背面再用。再比如洛克菲勒，曾经的石油大亨，有一次出门住酒店。美国有给小费的传统，当时的一位服务员在将东西送到房间后，洛克菲勒给了他 1 美元。服务员拿到小费后就直接走了，洛克菲勒却喊住他，说："你应该找我 1 美分。"服务员很惊讶，从来没有人向服务员要过钱。洛克菲勒说："小费是房租的 10%，你应该还我 1 美分。"就这样，洛克菲勒在服务员不甘的目光中，接过了那 1 美分。

然而，你可能不知道的是，李嘉诚花 8 亿台币建了一栋别墅，洛克菲勒也说钱要花在该花的地方。

我们很多时候只是看到了他们的一面，因此会得出一种结论：哦，原来富豪都这么省钱，那我以后也要开始省钱。富豪并非只是毫无限度地省钱，他们只是觉得有些地方不值得花那么多钱，但在他们认为值得的地方，毫不吝惜。

另外，我们如果将精力都用在了如何省钱上，那么对于如何赚钱这事就不会那么在意了。要知道，人的精力是有限的，如果总是盯着"省钱"，我们的心态就会保守。的确，我们会因此避免购买很多没必要的商品，但我们的心就被锁在了一个狭小的空间当中，我们也会因此错失很多赚钱的机会。

再者，省钱也必定不能省出财富。我们只要稍微动下脑子就能想明白这个问题。因为一个人的工资、奖金加上年终奖之类的，很大一部分是固定的。固定的东西就不具有创造性，也就更谈不上创造财富了。

永远相信一点，财富是创造出来的，是用积极的心态、充满勇气的行动与觉醒的认知开创出来的。

当然，省钱省不出财富也并不意味着我们花钱的时候就要大手大脚，我们还要算一下性价比。比如，楼下超市的鸡蛋12元钱一斤，而3公里之外超市里的鸡蛋只要10元一斤。假设它们的品质是一样的，大小也是一样的，请问，你会因为远一点超市的鸡蛋比楼下的鸡蛋便宜而特意开车或走路去买那个超市的鸡蛋吗？

如果你的回答是"会"，那么就要注意了，你的思维方式需要转变一下了。

请注意，我这里说的是"特意"，不是说你刚好办事，刚好就在那个超市附近。

再比如，你打算看一部电影，你到了售票口一看，票价60元钱一张，但是旁边还有一个团购价，只需用手机轻轻一扫，1分钟之内就能搞定，可以在原来电影票的票价上减去10元钱，那么你这么做就是可以的。因为你就在电影院，这1分钟之内，估计也不会有什么其他重要的事。

所以，要想学会正确的省钱方式，得先知道什么东西是我们的成本，省了钱以后增加了哪些显性和隐性成本，以及收益和成本之间的关系如何。同时，我们也要明白，省钱只是一种策略，并不是我们创造财富的手段。

要想创造财富，还得靠开创，还得靠我们不断向前走。

≫ 你要懂一点外包思维 ≪

让我们想象一下，比如你的时薪是每小时 200 元，在家工作。有一天，就在你要工作的时候，你发现家里有点乱，你想整理一下。这个时候，你最恰当的做法是什么呢？

是自己亲自打扫卫生吗？当然不是，而是请一个人过来帮你打扫。换句话讲，你将打扫卫生的活给外包了。

这就是外包思维，无论你是想提升个人职场竞争力还是通往财富之路，这种思维方式都是你最有利的工具，越早知道越好。

随着科学技术的发展，人们的很多日常工作都可以外包出去。在以前，衣服与被单需要人洗，现在，你只需要买一台好一点的洗衣机，将洗衣服的活外包给洗衣机。可能有人会说了，洗衣机要花钱买。但他可能没有注意到，虽然外包给洗衣机额外花了一大笔钱，但却节省了时间。比如一台洗衣机的价格是 2000 元钱，假设洗一次衣服，人洗和机洗都是 1 个小时。你的时薪是 100 元，只要洗衣机帮你洗 20 次，你就赚了。

随着互联网的发展，搜索引擎的出现无疑也为人类带来了巨大的便利。它不仅解放了人们的记忆能力，使人们不再需要苦苦记忆大量的知识，还极大地提高了信息检索的效率。这也是一种外包，只不过这个时候外包的不是体力活，而是我们的大脑。

然而，新时代科学技术的发展所带来的影响远不止于此。

首先，我们来看协作能力。在互联网时代，网络成了连接人与人之间的桥梁，使得跨地域、跨时区的协作变得轻而易举。通过各种在线协作工具，如即时通信软件、项目管理平台等，团队成员可以实时分享信息、讨论问题、协同工作。这种高效的协作方式大大缩短了项目周期，提高了工作效率，也让团队成员能够更加专注于自己的专业领域，发挥各自的优势。

再来看看计算能力。随着计算机技术的飞速发展，我们已经能够将复杂的计算任务交给计算机来完成。无论是科学研究中的数据分析，还是工程设计中的模拟仿真，都离不开计算机强大的计算能力。这使得研究人员和工程师们能够从烦琐的计算过程中解放出来，更加专注于创新和优化方案。同时，计算机技术的进步也为人工智能的发展提供了基础，让机器能够在一定程度上模拟人类的智能行为，进一步拓展了科技的边界。

当然，劳动力的解放也是不容忽视的。在现代工业生产中，自动化设备和机器人的应用越来越广泛。它们能够替代人类完成重复性、高强度或危险性的工作，不仅提高了生产效率，还保障了工人的安全。此外，智能家居、无人驾驶汽车等技术的兴起，也在改变着我们的生活，让我们能够享受到更加便捷、舒适的生活体验。

科学技术的进步，使人们能够不再单纯依靠自身的能力，而是借助工具的力量来更快捷地解决问题。这种变化打破了传统的"全才"观念，让人们意识到，在当今社会，成为某一领域的"偏才"同样能够获得成功。以写研究报告为例，以前需要进行数据分析时，只能自己一点一点地去查找、录入再分析，既浪费时间又效率低下。而现在，只要下载爬虫软件和数据分析软件，半小时内就可以自动完成这些工作。省出来的时间可以用来思考如何更好地撰写报告，长此以往，写作技能自然会比别人更精进。

这种外包大脑的策略，即把不重要的技能外包给工具，让自己聚焦于核心技能的提升，是新时代个人发展的智慧选择。长此以往，你将在擅长的领域走得比别人更远。这不仅适用于个人层面，也适用于企业和国家的发展。在全球化竞争日益激烈的今天，谁能更好地利用科技工具，谁就能在竞争中占据优势。

首先，通过将非核心或专业性强的任务外包，个人可以更专注于自己擅长和感兴趣的领域，从而提升个人品牌和市场价值。例如，自由职业者可能会选择将行政工作或市场营销的活外包，以便能够更加专注于创意和技术工作。

正如开头提到的"将洗衣的劳动外包给洗衣机"，外包非核心任务可以帮助个人节省时间和精力。这些任务往往需要投入大量的时间和精力，而你可能并不具备相关的专业知识或技能，或者说，亲自去完成这些任务的性价比很低。通过将这些任务外包给专业的服务提供商，你就可以将更多的时间和精力投入到自己的核心业务中，提高工作效率和质量。

其次，在某些领域，可能需要特定的专业知识和技术才能完成某些任务。如果你不具备这些专业知识，可能会面临困难和挑战。通过将这些任务外包给专业人士，你可以获得高质量的工作成果，并从中获得学习和成长的机会。

此外，外包还可以帮助你更好地管理资源和成本。一些非核心或专业性强的任务可能需要昂贵的设备、软件或人力成本。通过将这些任务外包给专业的服务提供商，你可以降低自身的成本负担，并将资金用于更有价值的投资。

最后，外包还可以提高你的灵活性和适应性。在快速变化的市场环境中，你需要具备灵活性和适应变化的能力。通过外包非核心或专业性强的任务，你可以更好地应对市场的变化和客户的需求，保持竞争力。

当你做事的效率提升了，你创造财富的效率自然就会水涨船高。

≫ 免费的才是最贵的 ≪

你是否曾经在超市门口看到过一条长长的队伍？那是因为超市举办免费领取鸡蛋的活动。然而，由于参与的人数众多，队伍的长度超出了预期，导致许多人浪费了一个下午的时间。

你是否还曾见过一些人为了获得免费的礼品，扫描了一个二维码，却不料因此泄露了个人信息，之后不断接到骚扰电话？

这些看似无须付出代价的事物，实际上都隐藏着成本。首先，时间成本是显而易见的。在超市排队等待的过程中，人们本可以利用这段时间完成其他更有意义的事情，如工作、学习或与家人朋友相聚。然而，由于活动的吸引力和人们对"免费"的渴望，他们选择将宝贵的时间投入到等待中。

其次，信息安全成本也不容忽视。随着科技的发展，个人信息变得越来越重要，同时也越来越容易受到侵犯。一些人在追求免费礼品的过程中，可能会忽视保护个人信息的重要性，轻易地扫描二维码并填写个人信息。这可能会导致他们的信息被不法分子获取，进而会收到骚扰电话、被诈骗等。

此外，还有机会成本需要考虑。人们在追求免费事物的过程中，可能会错过其他更有价值或更符合自身需求的机会。例如，在超市排队等待的过程中，他们可能错过了其他商家的优惠活动或特价商品。在追求免费礼品的过程中，他们也可能忽略了自身真正需要的产品和服务。

因此，你在面对看似免费的事物时，应该保持理性思考。你需要权衡时间、信息安全和机会成本，确保自己的选择是明智而合理的。不要被表面的"免费"所迷惑，要时刻关注潜在的成本和风险。

永远不要忘记经济学的基本判断之一：免费的才是最贵的。换句话说，当一件商品对你免费时，你自己也成了商品。

以游戏为例，我们可以看到这一原则在现实生活中的生动体现。当前市场上，许多国产游戏都采用了免费下载、免费使用的营销策略。这种策略无疑吸引了大量玩家的目光，让他们纷纷涌入游戏的世界。然而，一旦踏入这个世界，玩家们就会发现，所谓的"免费"其实只是表象。

在游戏中，如果你选择不充值，那么很可能会面临被其他玩家碾压的局面。你的游戏角色可能会因为缺少必要的装备和道具而无法与其他玩家抗衡，甚至可能会成为他人炫耀实力的对象。这种被动的局面会让你感到沮丧和无助，从而产生强烈的充值欲望。

而你一旦开始充值，就会发现自己已经掉入了一个无底洞。为了追求更好的游戏体验，你会不断地投入金钱，购买各种虚拟物品。而这种投入往往是无止境的，因为你永远不知道下一个更强的对手会在什么时候出现。与玩付费游戏的开销相比，这种看似免费的游戏可能会让你花费更多的金钱。

除金钱成本之外，你可能还需要投入更多的时间成本。许多人沉迷游戏时，会花费大量的时间去追求更高的等级和更强的装备。这些时间本可以用于学习、工作或与家人朋友相处，却被浪费在了虚拟世界中。当你意识到这一点时，你就会发现所谓的"免费"实际上是以你自己的时间和金钱为代价的。

因此，你应该时刻提醒自己，你的目标是购买商品，而不是让自己成为商品。在面对各种免费诱惑时，你需要保持清醒的头脑，理性地评估其中的真实成本。只有不忘初心，坚守自己的价值观和消费观，你才能在纷繁复杂的世界中保持独立和自主。

再比如，互联网公司在初期阶段选择烧钱做补贴，也是一种利用人们的免费心理而做出的策略。他们通过这种方式吸引消费者，让消费者在享受优惠的同时，逐渐形成对平台的依赖。这种依赖一旦形成，消费者就很难离开平台，这时平台就实现了对市场的垄断。

这种做法背后的逻辑是，先让消费者占小便宜，等到消费者离不开平台的时候，也就是垄断市场的时候，再让消费者加倍偿还。这种策略在很多行业都有应用，比如互联网行业、电商行业等。这些行业的特点是，前期投入大，但一旦建立起用户群体和市场份额，后期的收益就会非常可观。

那么，为什么很多产品亏本都卖呢？这是因为，亏本销售可以迅速占领市场份额，吸引更多的用户。一旦用户群体形成，企业就可以通过其他方式盈利，比如广告收入、增值服务等。所以，看似亏本销售，实际上是为了长远的利益考虑。

免费往往意味着你需要付出其他的代价。比如时间成本、注意力成本等。而且，免费的产品往往可以通过其他方式来盈利，比如广告、售卖用户数据等。这些方式可能会侵犯到用户的隐私权，或者让用户花费更多的时间和精力。所以，免费的产品并不一定是真的免费，反而可能是最贵的。

为什么要利润后延呢？这是因为，企业在初期阶段需要大量的资金来投入研发、市场推广等，这时可能还没有盈利。但是，只要企业能够坚持下去，等到市场成熟、用户群体稳定的时候，就可以开始盈利了。所以，利润后延是为了企业的长远发展考虑。

你在生活中所占的每一分便宜，总有一天会加倍偿还。正如斯蒂芬·茨威格在《断头王后》中所说："她那时候还太年轻，不知道所有命运馈赠的礼物，早已暗中标好了价格。"这是因为，世界上没有免费的午餐。当你在享受优惠的同时，也在付出其他的代价。

同事之间、朋友之间、合作伙伴之间，都遵循这个逻辑。你在与人交往的过程中，如果总是想着占便宜，那么最终可能会失去别人的信任和尊重。反之，如果你能够真诚待人、愿意付出，那么你也会得到别人的尊重和信任。这是一种长期的利益考虑，也是一种人生的智慧，更是一种财富思维。

▷ 物以稀为贵，你要成为那个"稀" ◁

俗话说，物以稀为贵。根据这个道理，我们可以得出，与其想方设法赚钱，不如先让自己变得值钱。人一旦值钱了，那么赚钱就是一件自然而然的事。换句话讲，与其拼尽全力追赶金钱，不如将自己打造成一个吸"金"石，让金钱被你吸引，自动聚集到你身上。

所谓的"稀"，就是稀有，就是个人的核心竞争力，就是值钱。

稀缺性原本是经济学领域中的名词，在经济学领域中，稀缺性是决定商品价值的关键因素之一。这一概念深刻地展现了资源有限性对经济活动的影响。

在现实世界中，几乎所有的资源都是有限的，人才也是如此（个人技能），而人们的需求却是无限的。这种有限与无限之间的矛盾，使得稀缺性成了一个普遍存在的现象。

根据供需理论，当某种商品的供应量减少时，往往其价格会上涨。这是因为，供应量的减少意味着市场上该商品的可获取性降低，而需求量却可能保持不变甚至增加。在这种情况下，消费者为了获得该商品，愿意支付更高的价格，从而推高了市场价格。这种现象在许多商品市场中都可以观察到，尤其是在那些供应受限或者生产成本较高的商品上更为明显。

如果你具有别人没有的技能（有供给），而这项技能刚好是别人所需要的（有需求），那么你就具备一定的稀缺性，你的价值才能被充分放大。

以稀有金属为例，黄金因其独特的物理和化学性质，在自然界中的储量非常有限。这种稀缺性使得它的开采成本高昂，而且随着开采量的增加，剩余储量逐渐减少，开采难度也越来越大。因此，黄金的价格长期以来一直保持在较高水平。此外，由于它在工业、珠宝等领域都有着广泛的应用，需求量持续不减甚至逐年增加，进一步加剧了供需矛盾，推高了市场价格。

从个人发展的角度来看，提升自身的能力和价值是长期职业成功的关键，也是财富不断向前滚动的基石。在当今竞争激烈的职场环境中，不断学习新技能、积累经验和丰富专业知识成为个人增强竞争力的重要途径。

随着科技的快速发展和行业的不断变化，新的技能需求不断涌现。通过主动学习和掌握这些新技能，个人可以保持与时俱进的状态，适应职场的变化。同时，新技能的学习也能够拓宽个人的知识面和视野，使其能够更好地理解和应对各种复杂的工作情境，这也从另一方面提升了个人的核心竞争力。

简而言之，会赚钱，不如让自己值钱。我们可以从另一个角度看这个观点。

人们往往将成功定义为财富的积累和物质的拥有。然而，真正的价值并不仅仅体现在金钱上，还体现在个人的成长和能力的提升上。因此，你应该转变思维，从追求赚钱转为提升自己的价值。

赚钱是外求的结果，它需要你不断地付出努力和时间去争取。而值钱则是内求的结果，它需要你不断地学习和成长，提升自己的能力和素质。只有你变得有价值，你才会拥有更多的机会和财富。

举个例子，大部分人每天都在砍柴，却从来不磨刀。砍柴就是外求的过程，你需要不断地付出努力和时间去获得柴火。而磨刀则是内求的过程，你需要不断地学习和成长，提升自己的技能和能力。只有当你的技能和能力得到提升时，你才能更高效地获得柴火。

在一般情况下，富人和穷人有什么区别呢？富人至少花 80% 的精力去磨刀，然后只需要花 20% 的精力去砍柴。他们注重自我提升和学习，不断提升自己的能力和素质。他们不鸣则已，一鸣惊人。而穷人基本上把 100% 的精力用在了砍柴上，他们每天只盯着眼前的利益，却从不想如何提升自己的能力。他们缺乏长远的眼光和规划，只关注眼前的利益而忽略了未来的发展。

因此，你应该转变思维，从追求赚钱转为提升自己的价值。你可以通过不断地学习和成长来提升自己的能力和素质，如参加培训课程、阅读书籍、与行业专家交流等，不断拓宽自己的知识面和视野。同时，你也应该注重培养自己的创新思维和解决问题的能力，这样才能在竞争激烈的市场中脱颖而出。

当然，你还应该注重建立良好的人际关系和社交网络。人际关系是成功的关键因素之一，它可以为你提供更多的机会和资源。通过与他人的合作和交流，你可以学习和借鉴经验，共同成长。同时，你也应该注重培养自己的领导力和团队合作能力，这样才能更好地带领团队实现共同的目标。

人们更喜欢与有价值的人合作，也愿意将好机会与好信息带给有价值的人。

会赚钱，不如让自己更值钱。

赚钱是外求的结果，值钱是内求的结果。

赚钱是你求钱，值钱是钱求你。

再重复一次上面的例子：

人每天都要砍柴。

砍柴就是外求，磨刀就是内求。

富人和穷人有什么区别呢？

富人至少花 80% 的精力去磨刀，然后只需要花 20% 的精力去砍柴。

他们不鸣则已，一鸣惊人。

而穷人基本上把 100% 的精力都用在了砍柴上，他们每天都只盯着眼前的小便宜，却从不想着去磨刀——如何提升自己的能力。

≫ 天上不会掉馅饼 ≪

虽然大家都知道天上不会掉馅饼，但在实际生活中，往往很多人会不自觉地踩到这个坑里。

比如，有些人可能幻想通过一次偶然的机会或某个大事件就能迅速提高自己的职业地位或收入，而不愿意通过持续的努力和学习来提升自己的专业技能和知识。这种现象在现实生活中并不罕见，它反映了一种急功近利的心态和对成功的误解，也是一种相信天上会掉馅饼的错误认知。

你需要意识到，职业发展像财富积累一样，是一个长期的过程，需要不断地积累经验和知识，而且两者在很多时候是相辅相成的。虽然有时候，一次偶然的机会可能会给你带来一定的收益，但这种收益往往是短暂的，不具备可持续性。相比之下，通过稳健的职业规划和努力工作来实现财务自由，这才是一种更可靠、持久的方式。

举个例子，一些人可能梦想通过一次幸运的投资或偶然的商业机会一夜暴富。然而，这种梦想往往忽略了投资和商业活动本身的风险性和不确定性。事实上，成功的投资者和企业家大多具备深厚的专业知识、敏锐的市场洞察力和丰富的经验。他们之所以能够取得成功，很大程度上是因为他们愿意投入时间和精力去学习和实践，而不仅仅是依靠运气。

此外，你还需要意识到，专业技能和知识的提升对于个人职业发展至关重要。在当今这个日新月异的时代，各行各业都在不断更新和发展，只有不断学习和提升自己，才能跟上时代的步伐，保持竞争力。因此，你应该珍惜每一次学习和成长的机会，不断提升自己的专业素养和综合能力。

当然，我们也不能否认偶然因素在职业发展中的作用。有时候，一次意外的机会或事件确实可能会为你带来意想不到的收获。然而，这并不意味着你可以完全依赖运气来实现职业成功。相反，你应该更加珍惜这些机会，将其视为自己努力工作的回报，同时，也要时刻保持谦虚和敬畏之心，不断反思和总结经验教训。

在人际交往的复杂网络中，我们也能观察到一种现象：某些人似乎总是过度依赖他人的帮助和支持，这其实也是一种相信天上会掉馅饼的思维误区。他们习惯将希望寄托在他人身上，期待通过他人的力量来化解自己的困境，而不是依靠自己的努力和决策来改善现状。这种依赖心理，看似无害，实则对个人的成长和发展有着深远的影响，也会让财富与你渐行渐远。

首先，当你习惯依赖他人时，你往往会逐渐失去独立思考和行动的能力。你会变得越来越依赖他人的意见和建议，而不愿意自己去探索和尝试。长此以往，你的独立性将逐渐被侵蚀，变得无法独立面对生活中的种种挑战。

其次，当你遇到问题时，如果习惯依赖他人来解决，那么你将很难培养出自己独立解决问题的能力。因为你没有机会去锻炼和提升自己的思维能力和行动能力，所以你在面对问题时往往会感到无所适从，不知道如何下手。而这种无助感又会进一步加剧你对他人的依赖，从而形成一个恶性循环。

最后一点，有些人热衷购买彩票，他们往往将希望寄托在一次偶然的运气上，期待着能够一夜暴富，从而改变自己目前的生活状况，或者成为一名富人。然而，这种心态和行为方式忽视了通过实际工作和努力来改善生活的重要性。

第一，你要认识到，虽然彩票可能会带来一定的经济收益，但这种收益往往是不稳定且不可靠的。它们依赖运气和概率，而不是个人的实际能力和努力。因此，那些寄希望于通过这种方式来改变生活的人，往往忽视了自己通过学习和提升技能、努力工作来实现长期稳定收入的可能性。

第二，这种心态反映了社会中一部分人对快速获得成功的渴望。在当今社会，人们往往追求快速的成功和回报，希望能够在短时间内实现财富的积累和生活品质的提升。然而，真正的成功往往需要长期的积累和努力。

第三，这种心态也低估了个人努力的重要性。在现实生活中，许多人通过自己的努力和奋斗，逐渐改善了自己的生活状况。他们可能不会一夜暴富，但他们通过不断学习和提升自己，实现了稳定的职业发展和收入增长。这种通过个人努力获得的成功，往往更加可靠和持久。

毕竟，我们不仅要成为富人，还要成为可持续的富人。那种昙花一现的富人，不值得，也不应该去追求。

➣ 不要因为副业而荒废了主业 ➢

也许你在很努力地工作时，有人告诉你，大部分人靠死工资很难实现财富积累，最多只是在温饱之上有些许余力。

因此，很多人都会尝试副业，现代社会，也有很多人告诉我们要靠副业赚钱。

但是，在选择副业之前，你需要意识到一点，即副业只是副业，不要让副业影响自己的主业，否则就是本末倒置。除非有一天，你的副业足以支撑你的生活开销和未来发展，那么它也将成为你的主业。很多人不明白这个道理，认为靠主业发不了财，于是去做副业，结果副业不仅没有搞成，主业也荒废了，这就得不偿失了。

主业作为个人职业发展的核心，担负着稳定收入和职业成长的重要使命。它不仅是你经济来源的主要保障，更是你职业生涯中不可或缺的一部分。主业的稳定表现，往往直接关系到你的生活质量、职业满意度以及未来的发展前景。

个人的长期职业规划通常是建立在主业发展的基础之上的。这是因为主业往往代表了个人的核心技能和专业领域，是实现职业目标和个人愿景的主要途径。然而，副业也可以作为补充和探索的手段，为个人提供更多的机会和可能性。

副业可以作为一种补充，帮助个人在主业之外获得额外的收入和经验。通过从事副业，你可以拓展自己的技能和知识面，提高自己的竞争力。副业还可以提供一次探索的机会，让你尝试不同的领域和行业，发现自己的兴趣和潜力。这种探索性的经历可以帮助你更好地了解自己的职业发展方向，从而更好地规划长期的职业发展目标。

当副业开始占据你过多的时间和精力时，它可能会对主业造成潜在的威胁。副业虽然可以为你带来额外的收入和成就感，但如果你不能妥善平衡两者之间的关系，就可能导致主业的表现下滑。一旦主业受到影响，你的职业晋升之路可能会变得崎岖不平，收入增长的步伐就会放缓，甚至停滞不前。而副业在不成熟的时候都是不稳定的，不能成为依靠的对象。

因此，你要学会合理分配时间，确保主业得到应有的关注和投入。你需要明确自己的职业目标，将主业视为实现这些目标的关键途径。在制订日程安排时，优先考虑主业的需求，确保有足够的时间和精力投入到工作中。同时，你也要善于利用碎片时间，提高时间利用效率，以便在保证主业稳定发展的同时，也能兼顾副业的兴趣和追求。

再者，从经济安全的角度来讲，主业作为稳定的收入来源，为个人和家庭提供了可靠的经济支持。人们通过在主业中投入时间和精力，可以获得稳定的薪水、福利和职业发展机会。这种稳定使得个人能够规划未来的财务目标，如购房、教育投资和退休计划等。同时，主业也为家庭提供了稳定的经济基础，使家庭成员能够享受更好的生活质量和安全感。

相比之下，副业虽然可以带来额外的收入，但其稳定性和可持续性往往不如主业。副业通常是基于个人的兴趣爱好或技能，其收入可能会受到市场需求、竞争和个人时间的限制。此外，副业的可持续性也受到各种因素的影响，如市场变化、技术进步和个人能力的发展等。因此，过度投入副业可能导致主业受影响，进而影响整体经济安全。

主业的稳定性和优先级对于维护经济安全至关重要。主业作为主要的收入来源，需要得到充分的重视和保护。

回到开头，虽然你可能也觉得靠死工资很难实现财富积累，但若是连主业都把握不了，那么你的副业很可能也只是昙花一现。大部分人的财富积累都是一个相对缓慢且稳定的过程，主业虽然无法保证让你快速富裕起来，却也会给你带来更多机会。比如，当你主业做得好的时候，公司期权、高级管理层的职位都会向你敞开，这些要比死工资高得多。

第七章

工具——工欲善其事必先利其器

➤ "六顶思考帽"，早知早受益 ◀

众所周知，每个人都只有一个脑袋，但这个脑袋上可以戴许多顶帽子。

如果要戴帽子，最好是戴"六顶思考帽"。

"六顶思考帽"是爱德华·德·博诺提出的一个创新思维工具，它通过六种不同颜色的帽子代表不同的思维方式，让人们在思考问题时更加全面和系统。

白帽代表信息，强调在决策前要充分搜集数据、信息和所有需要了解的情况。这有助于我们做出更明智的决策，避免因信息不足而导致判断错误。

黄帽代表价值，鼓励我们发现价值、好处和利益。这种思维方式有助于我们在面对问题时，能够看到其中的积极面，从而更好地解决问题。

红帽代表感觉，让团队成员释放情绪和互相了解感受。这有助于我们更好地理解彼此，促进团队的协作和沟通。

绿帽代表创造，专注于想点子，寻找解决办法。这种思维方式鼓励我们发挥创造力，不断尝试新的想法和方法，以找到最佳的解决方案。

黑帽代表困难，专注于缺陷，找到问题所在。这种思维方式有助于我们发现潜在的问题和风险，从而提前做好准备，避免不必要的损失。

蓝帽代表管理思维过程，安排思考顺序，分配思考时间。这种思维方式有助于我们更好地组织和管理我们的思考过程，确保我们能够高效地解决问题。

我们经常会遇到这样的情况，一群人在讨论问题时，各执一词，最终可能还会演变成一场争吵，既浪费了大量时间与精力，又没能达成共识。鉴于此，爱德华提出了一个建议：我们应该培养一种思考能力，让所有人在同一时刻只戴上一顶思考帽，充分思考后再换另一顶帽子。这种从争论式的"对抗性思维"转变为集思广益式的"平行思维"，被称为"六顶思考帽"。

"六顶思考帽"代表的是六种思维特质，是人们进行六种特定换位思考的结果的集合，其在使用上没有特定的场合限制，一般分为个人使用和集体使用两种情况。

我强烈推荐每个人都尝试使用"六顶思考帽"，因为它是一种非常有益的思维训练。六种思维特质都能发挥积极的作用，但是我们每个人会本能地偏向其中的两三种，而忽视了另外几种。因此，在运用时，你需要平衡运用这几种能力。

有时你所缺失的特质会被自己的情绪掩盖。例如，一个典型的黄色帽子，即乐观者，在情绪上可能就偏向厌恶黑色帽子者的风险意识。如果有人劝诫他："这事有风险，要谨慎！"他可能会感到烦躁，也因为不喜欢这样过度保守的人格而不允许自己拥有类似的思维。这是一种常见的、普遍存在的自我保护机制。

然而，通过使用"六顶思考帽"，你可以更好地理解和接受不同的思维方式。例如，当你戴上黑色帽子时，你需要注意风险意识和批判性思维。而当你戴上黄色帽子时，你将会更加注重乐观积极的态度。

此外，"六顶思考帽"还可以帮助你提高沟通和协作能力。比如在集体讨论中，你可以鼓励每个人都戴上不同的帽子来表达自己的观点和想法。这样可以促进多样性和包容性，使你能够更好地理解和尊重彼此的差异。同时，它也可以帮助你发现潜在的问题和机会，从而做出更明智的决策。

"六顶思考帽"能够帮助你有效地屏蔽情绪上的不愉快。当运用这种技巧时，我们需要明白，这并不是在改变你的人格，而是在使用一种思维技巧。这种方法为你原本的人格保留了充分的安全空间，让你能够在保持自我的同时，更加全面地思考问题。

频繁地使用"六顶思考帽"，可以帮助你快速补全缺失的思维特质，消除一些思维上的弱点。当你切换到了更加复杂的思维系统中，就可以像在本书的其他章节中你将看到的那样。

在会议和讨论中，"六顶思考帽"可以大大提高思考和交流的效率。由于人多口杂，一些会议往往效率低下、冗长乏味。每个人都坚持自己的观点，不愿意接受别人的建议。与一个观点不同的人进行换位思考已经很难了，更何况是在会议中面对多种不同的观点。这往往超出了普通人换位思考的极限。因此，会议的常态往往是，大家要么争论不休，要么集体沉默。

然而，如果我们运用"六顶思考帽"的技巧，情况就会大为改观。我们可以将每个人的观点都看作一个独立的"帽子"，然后尝试去戴上这顶"帽子"，从这个观点出发去思考问题。这样，我们就能够在保留自我观点的同时，更好地理解他人的观点，从而提高会议的效率。

当然，"六顶思考帽"对于个人也很有用。

举个例子，你恰好遇到了一次投资机会，这个时候你的乐观情绪可能会占据你的头脑，让你变得盲目。你需要的就是给自己戴上一顶黑色的帽子（黑帽代表困难，这里可以理解成风险），其他的问题先不要想，只想投资的风险——你投资后可能会遇到哪些风险。如此一来，你的思考就会变得更全面。

"六顶思考帽"不仅可以帮助你提高思维效率，还可以帮助你提高决策质量。当你面对一个复杂的问题时，我们可以分别从六种不同的角度去思考这个问题，从而得到更全面的解决方案。这样，你就可以避免因为单一角度的思考而导致决策失误。

然而，在实际应用中（团队），你需要注意一个重要的细节：除蓝色帽子外，每个人都需要尝试所有颜色的帽子。这意味着你不能因为某人在某方面表现出色就让他固定使用某一顶帽子。例如，你不能因为某人很有创意就只让他戴绿色帽子，或者因为某人很谨慎就只让他戴黑色帽子。这样的安排会使"六顶思考帽"失去其应有的价值，因为这样每个人都是在扮演自己的角色，而不是真正地进行换位思考。

正确的使用方法是，在同一时间，所有人都使用同一种颜色的帽子。例如，当大家都戴上绿色帽子时，无论你们原本的思维方式是什么，现在都需要进行创造性的思考。同样，当戴上白色帽子时，所有人都需要进行信息的搜集和分享。

这种方法的好处在于，它迫使你跳出自己的舒适区，尝试不同的思维方式。这不仅能够帮助你更全面地考虑问题，还能够提高你思考的灵活性和创新能力。

≫ "SMART 原则" 让目标更清晰 ≪

1954 年，管理学领域的权威人物彼得·德鲁克在其著作《管理的实践》中提出了一个革命性的概念——目标管理。这一概念强调管理者在进行日常运营时，不应仅仅专注于眼前的工作，而应时刻关注并明确自己的主要目标，以确保工作的有效性和方向的正确性。

1981 年，另一位管理学者乔治杜兰在《管理评论》杂志上发表了一篇重要论文，进一步阐述了设定管理目标时应遵循的五个基本原则。这些原则被简称为 "SMART 原则"，也有人因其智慧和实用性而称之为 "聪明原则"。

"SMART 原则" 是一个简明但深刻的框架，它由五个英文单词的首字母组成：具体的（Specific）、可衡量的（Measurable）、可实现的（Attainable）、具有相关性的（Relevant）和有时限的（Time-bound）。这五个原则为管理者提供了一个清晰的指南，以确保他们设定的目标既明确又实用。（当然，这个原则不仅限于管理者，也适用于个人）

第一，目标必须是具体的。这意味着目标应该清晰、明确。具体的目标能够为团队提供明确的方向，确保每个人都知道自己应该做什么，以及期望的结果是什么。比如，你在设定下一年的目标时，如果目标是"发财"，那就太模糊了，你的目标应该是具体的，比如"下一年我（或我的团队）要盈利 100 万"。

第二，目标必须是可以衡量的。这意味着管理者和团队成员要跟踪进度，评估是否接近或达到了预定的目标。可衡量的目标使得评估过程更加客观，减少了主观判断的干扰。

第三，目标必须是可实现的。这意味着在当前的资源和能力范围内，目标是合理的，是可以被实际达成的。过高或过低的目标都可能导致人们的士气受挫，因此设定一个既有挑战性又可达成的目标至关重要。

第四，目标必须和其他目标具有相关性。这意味着每个目标都应该支持组织的整体战略方向和愿景。不相关的目标可能会分散团队的注意力，造成资源浪费。

第五，目标必须具有明确的截止期限。这为团队提供了一个时间框架，鼓励他们在规定的时间内完成目标。有时限的目标有助于保持团队的动力和紧迫感。

在设定团队的工作目标和个人目标时，必须遵循这五个基本原则，这些原则是不可或缺的。制订目标的过程不仅是一个明确方向的步骤，同时也是一个提升个人能力的过程。

在不断变化的环境中，唯一恒定的就是变化本身。适应变化是一个老生常谈的话题，而拥有足够的资源可以帮助你更好地应对这些变化。即使最初的计划无法完全实施，你也需要保持清晰的思路，以便能够迅速调整策略，生成新的计划，并确保完成最核心的任务。

请试着想一下，过去一年，你设定的目标完成得如何？据统计，大多数年度计划都未能实现，这通常可以归咎于三个原因：必要性、可能性和落地性。

首先，必要性是指目标的重要性，它必须是你必须完成的任务，否则你无法顺利度过这一年。这种必要性就像一团火焰，激励着我们不断前进，例如，作家需要写作、舞者需要跳舞、歌者需要歌唱。你是否已经找到了自己的使命，你是否清楚自己的道路，你是否有足够的动力去追求这个目标？

其次，可能性是指具备实现目标的条件。你需要评估自己是否处于合适的时机，以及是否具备足够的能力和资源。量力而行是非常重要的，如果你要求一个三岁的孩子拿超过他体重的东西，即使他有意愿，也不可能完成。因此，在设定目标时，你需要确保它们是切实可行的。

最后，落地性是指将目标付诸实践的能力。人们往往高估一年之内能够取得的成就，因此，很多人在年初会立下各种目标，但最终只有少数人能够实现。千里之行始于足下，无论你有多少想法和计划，最终都需要落实到实际行动中。

"5W2H 分析法"：集齐七个问题，让思维更缜密

"5W2H 分析法"，也被称为七问分析法，是一种通过提出五个以"W"开头和两个以"H"开头的问题来帮助人们找到解决问题线索、激发创新思维和进行设计构思的方法。这种方法不仅有助于创新者在设计新的项目时更加系统和全面地思考问题，还能有效地避免盲目性或遗漏问题。

"5W2H 分析法"的"5W"指的是：What（什么）、Why（为什么）、Who（谁）、Where（哪里）和 When（何时）。这五个问题可以帮助你明确问题的本质、原因、相关参与者、地点和时间等关键信息。而"2H"则是指：How（如何）和 How much/many（多少）。这两个问题则进一步引导你思考解决方案的实施方式和所需的资源投入。

在实际应用中，"5W2H 分析法"已经被广泛应用于各个领域，如改进工作流程、提升管理水平、技术创新和价值分析等。通过这种方法，你可以更加清晰地梳理思路，确保每一步都经过深思熟虑，从而有效提高工作质量和效率。

例如，在改进工作流程时，你可以运用"5W2H 分析法"来识别流程中的瓶颈和不合理之处。通过回答 What（当前流程是怎样的，存在哪些问题？）、Why（这些问题为什么会存在？）、Who（这些问题影响了哪些人或部门？）、Where（问题主要出现在哪个环节或位置？）、When（问题何时开始出现？）等问题，我们可以深入了解问

题的根源和影响范围。然后，通过回答 How（如何改进流程以解决这些问题？）和 How much/many（需要投入多少资源或时间来实施这些改进措施？），你可以制订切实可行的解决方案。

同样，在技术开发领域，"5W2H 分析法"也发挥着重要作用。它可以帮助研发团队明确技术需求、目标用户、应用场景以及开发时间表等关键信息，从而确保技术开发的方向和进度与预期相符。

此外，在价值分析方面，通过运用"5W2H 分析法"，你可以更加全面地评估项目的经济效益和社会效益，为决策提供有力的支持。

具体举例，在进行任何项目或产品开发的过程中，细致全面地考虑和规划是成功的关键。这包括对现行方法或现有产品的深入分析和从多个角度进行设问检查。以下是基于"5W2H 分析法"对某一产品或方法进行全面审视的详细步骤：

为什么（Why）：首先，我们需要探究采用特定技术参数的原因，理解为何要避免噪声的产生，分析停用某项技术的理由，探讨产品变红的原因，以及为什么要选择特定的形状。此外，我们还需了解为何要用机器代替人工操作，产品制造过程为何如此复杂，以及执行这项任务的必要性。

做什么（What）：接下来，我们要明确工作的条件、目标、重点及其与其他因素的关系。这包括确定产品的功能规范、工作对象以及与之相关的所有细节。

何人（Who）：确定最合适的执行者，识别生产者，了解谁是潜在的客户，谁可能被忽视，谁是决策者，以及谁会从中受益。

何时（When）：考虑完成工作的时间表，安装的最佳时机，销售的黄金时间，以及员工何时最容易疲劳。同时，评估产量最高的时段和最适宜完成任务的时间框架。

何地（Where）：分析最适宜的生长环境，最经济的生产地点，购买来源，销售的最佳地点，以及资源的地理位置。

如何做（How）：探索如何以最省力、最快、最高效率的方式完成任务。思考改进的方法，如何避免失败，如何促进发展，增加销路，提高效率，以及如何使产品更加美观、方便使用。

多少（How much/many）：量化功能指标、销售目标、成本预算、输出功率、效率水平、尺寸规格，以及重量限制。

通过这种全面的审视和规划，你能够确保考虑到每个细节，从而大大提高项目或产品的成功率。这种方法不仅有助于识别潜在的问题和挑战，还能促进创新和持续改进。

基于"5W2H分析法"，我们也可以从中得出一个能够固定成习惯的思维方式（解决问题的流程），这些步骤包括识别问题、探索解决方案、设计改进措施以及总结经验教训。

首先，你需要仔细审视当前的情况，找出存在的问题或挑战。这可能涉及对现有方法或产品的深入分析，以确定它们是否能够满足我们的需求。在这个过程中，你要列出发现的所有疑点和难点，确保没有遗漏任何可能影响结果的因素。

接下来，针对每一个被识别出的问题，你要制订多种可行的解决方案。这些方案需要经过详细的试验和评估，以确保它们能够有效地解决问题。通过比较不同方案的效果，你可以确定哪一种是最佳的选择。如果现有的方法或产品通过了这样的检验，那么你就可以认为它们是可取的或合格的。然而，如果在某些方面收到了负面反馈，那么你就需要在这些方面进行改进。同时，如果发现某些方法或产品具有独特的优点，你就应该考虑如何扩大这些优点的应用范围。

确定了最佳方案后，你可能会发现需要设计新的方法或产品来克服原有方案的缺点。这个过程涉及创新思维和创造力的应用，以确保新的方法或产品不仅能够解决现有的问题，还能够提供额外的价值。这可能意味着对原有方法的改进，或是完全重新设计产品。无论是哪种情况，目标都是提高性能、提高效率或改善用户体验。

最后，在整个过程中，你应该采用一种结构化的思维方式来指导自己的行动。"5W2H分析法"可以帮助你更全面地分析问题，并找到合适的解决方案。通过回答这些问题，你可以确保自己的决策是基于充分的准备和深思熟虑后的结果。这种方法不仅可以帮助你避免盲目行事，还可以提高工作效率，因为这样你才能更加清晰地了解问题的本质和所需的解决方案。

≫ 决定人生的四种工作方式 ≪

在这个世界上，人们获取金钱的方式多种多样。罗伯特·清崎在其著作《富爸爸，穷爸爸》中提出了一个独特的观点，即"富爸爸的现金流象限"。他认为，根据人们获取金钱的途径，可以将他们划分为四个不同的象限。

首先，我们来看E象限，也就是Employee（工薪族）。这个象限的人通常是受公司出勤时间束缚的上班族或者挣时薪的小时工。他们的收入主要来自工作，也就是说，他们需要通过出卖自己的劳动力来换取报酬。这个世界上的绝大多数人都属于这个象限，因为他们的生活支出主要依赖薪资。

然后是 S 象限，即 Self-Employed（自营业者）。这个象限的人通常是自由职业者或者小企业主。他们的收入来源主要是自己的业务或者服务。与 E 象限的人不同，他们不受公司的出勤时间限制，可以自由地安排自己的工作和生活。然而，他们也需要承担更高的风险和更大的压力，因为业务的成功与否直接关系到他们的收入。

接下来是 B 象限，也就是 Business Owner（企业主）。这个象限的人通常是大型企业的所有者或者高级管理人员。他们的收入来源主要是企业的经营利润。与 S 象限的人相比，他们需要管理更大的团队和更复杂的业务，但同时也能获得更高的回报。

最后是 I 象限，即 Investor（投资家）。这个象限的人通常是通过投资股票、债券、房地产等资产来获取收益的人。他们的收入来源主要是资本增值和投资收益。与前三个象限的人不同，他们不需要直接参与劳动或者管理业务，只需要做出正确的投资决策即可。

那么，如何判断一个人到底属于哪个象限呢？这取决于他的钱从哪里来。如果一个人的收入主要来自工作，那么他就属于 E 象限；如果一个人的收入主要来自自己的业务或者服务，那么他就属于 S 象限；如果一个人的收入主要来自企业的经营利润，那么他就属于 B 象限；如果一个人的收入主要来自投资，那么他就属于 I 象限。

我曾经也是工薪族的一员，因此也曾属于 E 象限。然而，随着我对金钱的理解逐渐加深，我开始尝试其他的方式来获取收入。我开始做一些自由职业的工作，进入了 S 象限；我开始投资股票和基金，进入了 I 象限；如果未来我开了一家公司，那我就进入了 B 象限。这个过程并不容易，但我发现，只有通过不断地学习和尝试，才能找到最适合自己的赚钱方式。

在探讨财富积累的过程中，我们常常会遇到不同的职业群体，他们在经济结构中扮演着各自独特的角色。其中，"自营业者"这一概念涵盖了众多以个人能力和时间为资本来赚取收益的个体，如独立经营的小饭店老板、自由职业者，以及那些既是公司的所有者又是员工的小微企业主等。这些人群共同构成了自营业者的广泛范畴。

当我们将视线转向工薪族和自营业者这两个阶层时，可以发现，尽管他们在赚钱的方式上有所不同，但都位于现金流象限表的左侧。这个象限表是理解不同收入来源和财富积累方式的一个有力工具。许多人可能会认为，要想成为富有的人，就必须努力"跳槽"到象限表的右侧，即从主动收入转向被动收入。然而，这种看法并不全面。

实际上，即使是处于 E 象限的工薪族和 S 象限的自营业者，只要他们愿意付出努力，再加上一些好运，同样有可能实现财富的积累。例如，那些在世界 500 强企业中担任高级管理职位的人员，他们凭借自己的能力和对公司的贡献获得了高额的薪酬；又如那些在艺术和体育领域内声名显赫的人物，他们通过自己的才华和努力赢得了巨大的财富和名声。

然而，问题在于这些人的收入方式与他们的工作时间是直接挂钩的。换句话说，他们的财富积累方式可以被描述为"时间的零售"，这意味着所有的收入都是基于时间的投入。因此，一旦这些人因伤病或残疾而失去了工作能力，他们的收入就会中断，导致他们面临经济上的困境。

这种情况说明，虽然通过个人努力和运气有可能在现金流象限表的左侧实现财富的积累，但这种模式也存在很大的不确定性和风险。因此，对于那些希望建立稳定和可持续收入来源的人来说，探索如何从时间的零售模式转向更加被动的收入方式，即让金钱为自己工作，就成了一个值得深思的问题。

在社会中，有许多令人羡慕的高收入职业，如医生和律师。他们通常被归类为 E 象限或 S 象限的职业人群。这是因为他们的工作特性与时间零售紧密相关。无论是作为雇员还是自己开设诊所或律师事务所，他们的主要收入来源都是通过出售自己的时间获得的。只有当投入工作时，他们才能获得相应的报酬，一旦停止工作，收入也会随之中断。

这些职业人士的共同特点是，他们的收入与个人的劳动时间直接挂钩。换句话说，他们的财富积累方式主要是通过直接劳动来实现的。

然而，与此形成鲜明对比的是另一群人。这些人即使在不在现场、不坐班，甚至不亲自工作的情况下，也能够持续获得收入和现金流。他们的财富来源并不依赖于个人直接的劳动时间。

具体来说，这些人的赚钱方式可以大致分为两类。

第一类是 B 象限的企业主阶层。这些人通过建立企业或组织，利用员工和企业内部的资源来为自己创造财富。他们不需要亲自参与日常的工作，而是通过管理和运营企业来实现财务增长。这种模式使得他们能够将个人的劳动时间转化为更广泛的价值创造。

第二类则是 I 象限的投资家阶层。这些人则更加高级，他们完全依靠资金运作来获取收益，而不需要依赖员工或任何组织。他们通过投资股票、债券、房地产等资产，实现资金的增值和现金流的产生。在这种方式下，他们的财富增长不再受到个人时间的限制，而是取决于资金运作的效率和市场的变化。

≫ E 象限——Employee（工薪族）≪

这一群体主要由那些从公司领取薪水的人组成。他们的收入模式相对固定，通常以月薪或时薪为标准。这种模式下，个人的工作表现和投入时间直接关联到其获得的报酬，形成了一种等价交换的关系。

具体来说，如果一个人的时薪是 100 元，并且他每周工作 5 天，每天工作 8 小时，那么他的月收入将是 1.6 万元。这个数额代表了他出售自己时间所获得的报酬。同样地，如果某人的月收入达到 3 万元，这也意味着公司为他工作的时间支付了更高的价格，尽管本质上仍是购买他的时间。

然而，E 象限的人群面临一个显著的特点或弱点：他们相对容易被其他人取代。换句话说，对于公司而言，他们并非不可缺失的角色。例如，如果某员工突然生病需要请假，公司通常不会因此陷入困境，更不会导致运营中断。这是因为有许多人能够填补这一空缺，继续完成必要的工作。这种现象在很大程度上是由工业化生产推动的"标准化、流程化的作业模式"所决定的。

此外，E 象限阶层的另一个特征是收入的上限非常明显，这常常被称为"天花板效应"。这意味着无论个人如何努力，他们的收入往往受到限制，难以突破。这种限制不仅来自个人的职位和技能水平，还受到整个行业和市场环境的影响。

无论是在体育界还是影视圈，即使像 NBA 的篮球巨星和好莱坞的电影明星那样拥有巨额财富，他们的资产也难以与投资大师沃伦·巴菲特或独角兽公司的创始人相比。对于普通的工薪阶层来说，这种差距更是显而易见的。

请试着设想一个场景，如果你的时薪能达到 500 元（这已经很高了，超过了绝大多数人），并且你具备极高的工作热情，每天工作 8 小时，能够全年无休地持续工作，那么理论上你的年收入可以达到 146 万元（不吃不喝在一线城市连一套房都买不起）。这个数字看似庞大，却是你的收入上限（还只是理论上的上限）、是你个人能力和体力的极限。然而，这样的工作方式是不切实际的，甚至可能对你的健康造成严重损害。长时间过度劳累可能导致你的身体崩溃，进而需要花费大量的时间和金钱在医院或疗养院中恢复健康。这不仅意味着你辛苦赚来的钱将付诸东流，还可能因为医疗费用而产生额外的经济负担。更重要的是，这段被疾病消耗的时间本可以用于创造更多的财富，从长远来看，这种极端的工作方式是得不偿失的。

许多人认为，通过增加手中的筹码，例如提升技能、积累经验或扩大人脉，可以为自己赢得更多的自主选择权。他们相信，这样做将使他们更容易跳槽到那些提供更优厚待遇、更丰富福利和更高薪酬的公司。这种观点在一定程度上是可以理解的。正如俗话所说："人往高处走。"追求更好的工作环境是人的天性，而在这种天性的驱使下努力奋斗、不断进取，本身并没有什么不妥，反而是一种值得鼓励的积极态度。

然而，即使一个人成功地进入更好的职场环境，或者在原有的工作中获得了更高的职位和更丰厚的收入，他们的现金流——也就是扣除每月固定支出后剩余的可自由支配的资金——往往并不会有太大变化。这是因为，尽管工作环境有所改善，但他们的生活方式和消费习惯可能也随之升级，导致实际可用于储蓄或投资的资金并没有显著增加。此外，即使成功跳槽到一家条件更优越的公司，个人的社会阶层和生活环境也可能并未发生根本性的改变，他们仍然处于原有的生活圈子中，即所谓的"E象限"。在这种情况下，人生质变的可能性不大，所经历的变化往往只是量的变化，而非质的飞跃。

举一个具体的例子来说明这一点。假设由于某种突发情况，如意外受伤或遭遇不可抗力因素，你无法继续工作，或者失去了工作能力。在这种情况下，你现有的资金（即现金流）能够支撑你生活多久？你是否认真考虑过这个问题？

对于大多数人来说，这可能是一个令人不安的思考。因为在没有稳定收入的情况下，仅靠积蓄生活可能会让人感到极大的经济压力和心理负担。因此，单纯地追求更高的职位和收入并不一定能够带来长久的经济安全感。

≫ S 象限——Self-Employed（自营业者）≪

他们依靠自己的努力和智慧来赚取生活所需，与E象限的雇员有所不同。虽然他们同样是通过出售自己的时间来获得收入，但他们所付出的努力与所获得的回报之间的比例并不总是１：１。由于每个人的时间利用效率和个人能力的差异，有些人可能会发现，自己付出了 10 分的努力，却能得到 20 分甚至更多的回报。

当我们提到自主创业时，许多人的第一反应就是想到 S 象限。确实，这个象限在挣钱的能动性和弹性方面比 E 象限要好得多。也就是说，从整体上看，S 象限的人似乎比 E 象限的人更富有。然而，有一个关键的特质使得 S 象限与 E 象限并无太大区别，那就是：只有工作才能有收入。

这是所有依赖时间零售型工作模式的人的共同弱点和痛点：为了持续赚钱，他们必须不断地工作。一旦因为大病或天灾等原因导致无法工作，他们的收入就会立即中断，生活将面临困境。

总的来说，S 象限的人都是比较独立和自我驱动的人。他们厌倦了作为雇员时需要看别人脸色、受他人指挥的日子，他们渴望自由，渴望能够做自己真正想做的事情。这种对自由的渴望驱使他们选择了自营业的道路，尽管这条路充满了挑战和不确定性。

在 S 象限中，人们不再受限于传统的固定上下班打卡的工作模式，而是可以按照自己的节奏和时间表来安排工作。他们可以自由地选择工作的地点、时间和方式，这为他们带来了前所未有的灵活性。然而，这种灵活性的背后也隐藏着风险和压力。由于没有稳定的收入来源和社会保障，他们必须时刻保持警觉，确保自己的业务能够持续盈利。

此外，S 象限的人还需要具备一定的商业头脑和管理能力，这是一项需要持续学习才能不断升级的能力。他们不仅要关注自己的产品或服务的质量，还要学会如何与客户打交道、如何制订营销策略、如何处理财务问题等。这些都需要他们投入大量的时间和精力去学习和实践。

这个象限中的人还有一个问题。尽管这些人拥有非凡的技能和才华，但他们却很难将自己的工作委托给他人。因为没有人能够完全模仿他们，所以他们只能亲自上阵，亲力亲为。这种工作方式虽然能够保证工作的质量和效果，但也使得他们的时间变得异常宝贵，因为他们只能在有限的时间内完成有限的工作。

这就是 S 象限阶层的人所面临的困境。他们虽然有着非凡的才华和技能，但却无法像其他企业家那样，雇用大量的员工来为自己工作。因为他们的技能太特殊了，没有人能够完全模仿和替代。这使得他们即使成立了公司，也只能依靠自己的力量来维持公司的运营。

对这些人来说，他们的工作就像是时间零售一样。他们只能在有限的时间内完成有限的工作，而且他们的工作成果往往与他们的时间和精力直接相关。这意味着，如果他们想扩大自己的业务规模，就必须投入更多的时间和精力，而这往往是他们无法承受的。

≫ B 象限——Business Owner（企业主）≪

他们不仅拥有自己的公司和生意，更重要的是，他们能够享受到源自组织的系统性收入。这种收入模式与单纯的劳动收入有着本质的区别，它更加稳定、可预测，且具有极大的增长潜力。

成为 B 象限的一员并非易事。成立公司、经营生意需要投入大量的时间、精力和资源。然而，一旦成功，其回报也是无比丰厚的。与付出相比，收益往往呈指数级的增长。这并不是夸张的说法，而是无数成功企业家的真实写照。他们用 1 单位的时间投入，能取得超过 100 单位的金钱回报。

那么，为什么这种模式能够在现实中成立呢？关键在于 B 象限的人具备一种独特的能力——他们懂得如何运用时间和金钱的杠杆效应。他们不是孤军奋战，而是通过组建团队、召集伙伴来为自己工作。在这个过程中，他们将自己的智慧、经验和资源进行了有效的整合和放大，从而实现了财富的快速增长。

首先，B 象限的人擅长组建团队。他们深知一个人的力量是有限的，而一个团队的力量则是无穷的。因此，他们会积极寻找志同道合的伙伴，共同为公司的发展和壮大而努力。在团队中，每个人都能够发挥自己的专长和优势，形成合力，从而推动整个公司向前发展。

其次，B 象限的人善于运用时间与金钱的杠杆效应。他们知道，时间是最宝贵的资源之一，而金钱是实现目标的重要工具。因此，他们会合理安排自己的时间，将更多的精力投入到对公司发展的战略规划和决策中。同时，他们也善于运用金钱的力量，通过投资、融资等方式来扩大公司规模、提高市场竞争力。

最后，B 象限的人还具备卓越的领导力和管理能力。他们能够带领团队应对各种挑战和困难，保持公司的稳定和发展。在管理方面，他们注重细节、追求卓越，能够有效地激发员工的潜力和创造力，从而提高整个公司的执行力和效率。

假设你突然灵光一闪，想到了一个绝佳的商业点子或是遇到了一个难得的商业机遇，你会如何行动呢？

通常来说，你可能会决定亲自尝试实施这个想法。一旦你的努力开始显现初步的成功迹象——比如说，你投入了 10 个小时的工作，却获得了相当于 30 个小时劳动价值的回报，那么你的"付出与收获比"就达到了 1 ∶ 3。这种成功会激励你继续前进，并试图扩大你的业务规模。

接下来，你可能会选择将这个成功的项目介绍给你的朋友或合作伙伴，邀请他们加入你的行列。为了确保合作顺利进行，你可能会与他们签订合同，并从中收取一定比例的手续费或加盟费。假设这个比例是 20%，而你成功招募到 10 位合作伙伴，那么仅仅通过签订这些合同，你的收入就会增加: 30（初始收益）+30×20%×10 人 = 90 单位的收益。

从这个例子可以看出，你付出的时间远远少于你的收益，甚至可能接近于零。这就是所谓的"系统性收入"，它源自有效的组织管理和资源整合。

这种模式展示了如何通过建立一个有效的系统来放大个人的成果，从而实现财富的增长。它强调了合作、分包和杠杆作用的重要性，这些都是现代商业环境中不可或缺的元素。通过这种方式，一个人可以将自己的创意和努力转化为更大的经济价值，同时减少个人的工作量和风险。

杠杆原理是一种以较小的投入（如时间、金钱或行动）来获取巨大回报（如时间、金钱或代偿）的逻辑。许多富有的人都非常重视这一原理，他们总是从最大化杠杆的角度去思考和行动，这也是他们能够积累大量财富的原因。

从这个角度来看，S 象限的人通常只能独自奋斗，他们的时间和精力都是有限的，因此他们往往只能拥有有限的能量。这些人通常会努力提升自己的技能，希望能够成为一个无所不能的超人。然而，B象限的人则有着不同的思维方式，他们会雇用那些已经具备超能力的人来为自己工作，或者至少与这些"超人"合作，共同组成一个团队。

以曾经的世界首富，微软公司的联合创始人比尔·盖茨为例，他本人并没有制造出令人瞩目的商品。他采取的策略是购买他人的产品，并以这些产品为核心，构建一个覆盖全球的强大系统性网络，从而实现在全球市场的霸主地位。

B象限的人拥有一个共同的特质，那就是他们的公司无论他们在不在场都能自如地运转，并且持续产生大量的现金流。为了保持公司的正常运转，他们广泛招募有才能的人才来协助自己，不断追求杠杆效应的最大化。

这种系统性商业模式的力量在于它的可扩展性和可持续性。通过建立一个强大的网络和系统，企业能够将产品和服务推广到全球各地，满足不同地区和消费者的需求。这种模式不仅能够提高效率，还能够降低成本，从而实现更高的利润和市场份额。

比尔·盖茨的成功也证明了这种模式的有效性。他没有直接制造商品，而是通过购买他人的产品并将其整合到一个强大的系统中，从而实现了对全球市场的掌控。这种策略使得微软公司成为全球最大的软件公司之一，并为其带来了巨大的财富和影响力。

B象限的人之所以能够成功，是因为他们懂得如何利用杠杆效应。他们不仅依靠自己的努力和才能，还广泛招募有才华的人才来协助自己。他们明白，只有通过团队合作和共同努力，才能够实现更大的目标和更长远的成功。

这种系统性商业模式的成功也与企业家的领导能力和远见密切相关。他们需要具备战略眼光，能够识别市场机会并制订相应的计划和策略。同时，他们还需要具备良好的组织和管理能力，能够有效地协调和领导团队，确保公司能够顺利运转和持续发展。

通过观察S象限和B象限的人在工作上的态度和思维方式上的差异，我们可以发现一些显著的区别。

首先，S象限的人通常对自己的工作持有一种近乎执着的态度。他们往往认为自己的手艺是独一无二的，无人能够替代。这种信念让他们在面对将工作委托给他人的情况时，会感到强烈的排斥甚至厌恶。对他们来说，自己的手艺不仅是一项技能，更是一份情感的投入和对完美的追求。因此，他们宁愿自己承担所有的工作量，也不愿意看到自己的作品因为他人的参与而失去那份独特的韵味。

然而，B象限的人却展现出了截然不同的思维方式。他们并不过分在意自己的手艺是否会被他人替代，反而热衷于将自己的工作委托给他人。即使对方的手艺远不如自己，他们也愿意接受。因为在他们看来，工作的核心并不在于个人的手艺，而在于如何通过有效的组织和协调，将每个人的生产力汇聚起来，形成强大的合力。

B象限的人深知，一个人的力量是有限的，但几十人、几百人，甚至几千、几万人的力量汇聚在一起，就会产生质的飞跃。这种力量不仅能够带来惊人的生产力，更能够推动整个团队或组织向着更高的目标迈进。因此，他们更愿意将自己从烦琐的工作中解放出来，专注于维护系统和组织的运作。

这两种不同的思维方式，实际上反映了S象限和B象限的人对于工作和生活的不同理解。S 象限的人更注重个人价值的实现和对工作的热爱，而 B 象限的人则更看重团队合作和整体效益的提升。这两种思维方式并没有绝对的优劣之分，而是取决于个人的性格、经历和价值观。

然而，无论是 S 象限还是 B 象限的人，他们都应该意识到，每个人都有自己的长处和短处，只有通过合理的分工和合作，才能发挥出个人最大的效能。同时，他们也都应该学会在不同的情境下灵活调整自己的思维方式，以更好地适应不断变化的环境和挑战。

≫ I 象限——Investor（投资家）≪

他们的特点是将资金注入到有潜力的公司、项目以及其他各种投资对象中，从而获取丰厚的回报。这些人通过购买资产的方式，实现了"以钱生钱"的目标，这是 I 象限阶层的基本行为特征。

然而，我们需要明确的是，单纯的炒股和炒汇并不属于 I 象限的范畴。正如罗伯特·清崎所言："一般的炒汇和炒股，仅仅是赌博而已。"在他看来，真正的投资家应该是像沃伦·巴菲特和吉姆·罗杰斯那样的人物。他们不仅拥有巨额的资产，而且能够用这些资产去做真正有价值的投资。

那么，什么才是真正的投资呢？首先，真正的投资需要对市场有深入的了解和分析。投资家们会花费大量的时间研究市场趋势、行业发展以及公司财务状况等方面的信息，以便做出明智的投资决策。他们会关注公司的盈利能力、成长潜力以及竞争优势等因素，从而挑选出具有长期增长潜力的投资标的。

其次，真正的投资需要具备风险控制的能力。投资家们明白，投资本身就是一种风险与回报之间的平衡。他们会通过多元化投资组合、设定止损点等手段来降低风险，同时，也会密切关注市场动态，及时调整投资策略，以应对市场的变化。

此外，真正的投资还需要具备耐心和长期视角。投资家们知道，投资是一个长期的过程，需要耐心等待投资标的的成长和回报。他们不会盲目追求短期的高收益，而是注重长期的资本增值。他们会持续关注投资标的的表现，并在适当的时候进行调仓或退出，以实现投资回报的最大化。

最后，真正的投资还需要具备良好的心理素质。投资市场充满了不确定性和波动性，投资家们需要保持冷静和理性，不受市场波动的影响。他们会坚持自己的投资原则和策略，不随波逐流，也不被市场的短期波动所左右。

以股票投资为例，真正的Ⅰ象限行为并不是频繁地买卖股票，试图通过短期波动赚取差价。相反，他们更倾向于大规模买进优质股票，并长期持有。他们深知，股票市场的短期波动往往难以预测，而从长期来看，优质的股票往往会带来稳定的回报。因此，他们选择成为这些公司的股东，通过领取股息和分红来获取收益。这种投资方式不仅能够降低风险，还能够带来稳定的现金流，为他们的未来生活提供保障。

除股票投资外，不动产投资也是Ⅰ象限行为的重要体现。与普通投资者购买一两套房产不同，真正的Ⅰ象限行为者会选择一口气买下整栋楼，然后将其全部出租。他们深知，房产的价值不仅仅在于其本身的升值，更在于其带来的租金收入。通过出租房产，他们能够获得稳定的现金流入，从而实现财富的增值。而且，相比于购买一两套房产，购买整栋楼能够更好地发挥规模效应，降低管理成本，提高收益率。

当然，无论是股票投资还是不动产投资，都需要一定的资金实力和专业知识。然而，这并不意味着普通人就无法涉足这一领域。事实上，只要我们具备正确的投资理念和足够的耐心，就能够逐步积累财富，实现财务自由。

相比之下，炒股和炒汇等短期投机行为更像是一种赌博。它们往往依靠运气和市场情绪的变化，而缺乏稳定性和可预测性。对于大多数人来说，参与这类投机行为往往意味着承担更高的风险和更低的收益。因此，与其将资金投入这些不确定性较高的领域，不如将其用于提升自己的能力和知识水平。通过不断学习和实践，我们可以提高自己的竞争力和市场敏锐度，为未来的投资生涯打下坚实的基础。

本章的最后，我想告诉你的是，你可能在看了这节的内容后有如被"点燃"，想跃跃欲试成为 B 象限和 I 象限的人，但你需要明白一点，无论是哪一个象限的人，都需要不断学习，提升个人底层思维能力。因此，千万不要盲目与冲动，打铁还需自身硬，不要被一时的想法和念头所牵制，你要明白当下你最需要的是什么。

第八章

行动——让每一个行动都看得见

➢ 胆量与行动才是财富的先驱因素 ≪

机会永远属于那些敢于迈出第一步的人，因为"敢"往往比"会"更重要。在面对挑战和机遇时，不要过分担心自己是否具备足够的技能或知识，而是要勇敢地先去尝试，然后再根据情况进行调整和学习。

在当今这个高速运转的社会中，适应社会发展的速度是至关重要的。一旦你能够跟上社会的步伐，就会进入一个爆炸式发展的进程之中。在这个过程中，很多人可能会劝你多学习、多涉猎新的领域。人们对于新鲜事物的好奇心是无法抗拒的，遇到新知识时，渴望学习似乎是一件天经地义的事情。然而，你是否曾经认真思考过，这样的学习对自己真的有用吗？

事实上，学习本身并没有错，但你需要更加明智地选择学习的内容和方式。在学习新知识之前，你应该先评估自己的需求和目标，确定这些知识是否与自己的职业发展、兴趣爱好或者生活需要相关联。如果你只是盲目地追求新鲜感而忽视了实际的应用价值，那么这样的学习可能只是一种浪费时间的行为。

相反，如果你能够有目的地选择学习内容，将学习与实际需求相结合，那么这样的学习将会更加有意义和有价值。你可以主动寻找与自己职业相关的培训课程，参加行业研讨会或者加入专业社群，以获取最新的行业动态和专业知识。同时，你也可以利用在线平台和资源，自主学习和探索自己感兴趣的领域。

在这个过程中，毫无目的的学习是一种极大的浪费。虽然学习本身并没有错，但是真正能够带来成果的学习应该是一个包含学习、行动和坚持在内的三步走过程。那么，为什么有些人只能做几万元的生意，有些人却能做百万元、千万元甚至上亿元的生意？一个重要的原因就在于，有些人不论再怎么学习，再怎么努力，也无法跨越几万元的台阶。即使你渴望跨越这个台阶，也不是通过学习就能够实现的。

你需要明白一件事情，人生的成长和发展并不完全依赖学习，也不依赖每天所接受的知识、观点、思想等。人的大脑就像一个储存器，总是会不断地向里面存入各种东西。然而，真正能够帮助你获得成长和财富的却是另外两样东西：胆量与行动。

胆量是推动你迈出舒适区的关键因素。它让你敢于冒险，敢于尝试新的事物，敢于面对困难和挑战。只有拥有足够的胆量，你才能够勇敢地追求自己的梦想，不畏艰难险阻，不惧失败的风险。

胆量也是帮助你抓住机遇的重要因素。在商业世界中，机遇常常伴随着风险。只有那些敢于冒险的人，才能够抓住那些看似不可能的机遇，从而实现事业的飞跃。而那些缺乏胆量的人往往会因为害怕失败而错失良机。

此外，胆量还能够帮助你建立自信和下定决心。当你面对困难时，胆量会给予你力量和勇气，让你相信自己的能力，坚持下去。只有拥有坚定的决心和自信心，你才能够克服困难，迎接成功的到来。

因此，不要仅仅依赖学习来获得成长和财富。学习固然重要，但它只是第一步。真正的成长和财富首先来自你的胆量，来自你敢于冒险、敢于尝试、敢于面对困难的勇气。

最后，需要指出的是，胆量的提升并不是一蹴而就的。它需要个人不断地挑战自我、突破限制，通过实践和经验的积累来逐渐增强。同时，也需要保持积极的心态和坚定的信念，相信自己有能力去实现更大的目标和梦想。

因此，你不应给自己设置太多的限制和约束，也不要轻易地对自己说"我不行""我不会""我没学过""我的专业不是这个"。这些消极的想法只会束缚你的思想和行动，让你无法发挥出自己的潜力。

当然，仅仅有胆量是不够的。除胆量之外，你还需要具体的行动计划和执行力。只有将想法付诸实践，才能真正实现自己的目标。因此，在拥有胆量的同时，你还需要制订明确的目标和计划，并付诸行动。只有胆量没有行动，你的人生也是一盘散沙。追求财富需要胆量，更需要行动。

相信重复的力量，在这个瞬息万变的世界里，真正有价值的东西往往是那些能够经得起时间考验、反复实践的事物。重复的行为不仅能够帮助你巩固所学，更能够让你在不断的实践中发现新的机遇和挑战。

财富来自你超乎常人的胆量与坚定不移的行动。

≫ 财富钟情于行动力 ≪

在盛大的第八十届奥斯卡电影节颁奖典礼上，一部改编自印度作品的影片《贫民窟里的百万富翁》惊艳了全场。这部电影以其独特的叙事风格和深刻的主题内涵，一举斩获了包括最佳影片奖、最佳导演奖在内的八项大奖，成了当晚的最大赢家。

《贫民窟里的百万富翁》讲述了一个令人动容的故事。电影的主人公贾马尔·马利克是一个出身贫民窟的小人物，但他却有着不平凡的梦想。他渴望改变自己的命运，渴望获得幸福。而这一切的改变，都从他参加一档电视节目开始。

这档电视节目是一档知识竞赛类节目，参赛者需要回答一系列问题，每答对一个问题就能获得一定的奖金。贾马尔凭借着自己丰富的知识储备和敏锐的直觉，一路过关斩将，最终获得这个节目的奖金成了百万富翁。

在贾马尔的成长过程中，他经历了无数的磨难和挫折。他曾经是一个孤儿，被迫在贫民窟里艰难度日。但他并没有被命运打败，反而更加坚定了自己的信念。他坚信，只要自己不断努力，就一定能够改变自己的命运。因此，他努力学习，不断提升自己的知识水平，为的就是能够在那档电视节目中大放异彩。

当贾马尔站在电视节目的舞台上时，他并没有被紧张和恐惧所吞噬。相反，他展现出了惊人的冷静和自信。他准确地回答了每一个问题，赢得了观众的阵阵掌声。而当他最终成为百万富翁时，他并没有被财富所迷惑，而是更加珍惜这份来之不易的幸福。

贾马尔的成功并不是一蹴而就的，而是源于他坚韧不拔的行动力和对幸福生活的执着追求。他用自己的行动告诉我们，无论出身如何，只要有梦想、有勇气、有行动力，就一定能够实现自己的目标。他的成功不仅仅是个人的荣耀，更是对整个社会的鼓舞和激励。

在现实生活中，许多人都怀揣着成为"百万富翁"的梦想，希望通过理财和投资实现财富的积累。这种追求与影片中的男主角相似，我们都在为自身的幸福而努力奋斗。然而，在这个过程中，有的人最终获得了财富，赢得了幸福；而有的人却始终抓不到财富的尾巴。其中的关键因素就在于每个人的行动力不同。

那些能够成功的人，往往是因为他们具备超强的行动力。他们不仅敢于梦想，更敢于付诸行动。他们深知，只有通过实际行动，才能让梦想成为现实。因此，他们在理财和投资的道路上，始终保持着积极的心态，不断学习新知识，不断尝试新方法。即使面临困难和挫折，他们也不会轻易放弃，而是坚持不懈地追求自己的目标。

相反，那些始终无法获得财富和幸福的人，往往缺乏足够的行动力。他们可能也有梦想，但只是停留在想象阶段，并没有付诸实际行动。他们害怕失败，害怕冒险，因此总是犹豫不决，错失良机。他们可能也会羡慕别人的成功，但却没有意识到，别人成功的背后是无数次的努力和付出。

如今的麦当劳是一家大型企业，在全球拥有近万家分店，年营业额达上百亿美元。然而在 1955 年的时候，麦当劳还只是一家经营汉堡包的小店，这个庞大的"麦当劳王国"为什么会崛起呢，为何会有如此辉煌的成就呢？我觉得很大程度上要归功于其创始人雷蒙·克罗克卓越的行动力和执行能力。

1954 年的一次偶然机会，雷蒙·克罗克驾车经过圣贝纳迪诺时，注意到许多人在一个简陋的餐馆前排队。好奇心驱使他下车查看，发现那是一家销售汉堡包和炸薯条的快餐店，生意异常火爆。当时已经 52 岁的克罗克，虽然还没有创立自己的事业，但他一直在寻找合适的项目来开启自己的商业之旅。看到这家快餐店的繁荣景象，他突然意识到快节奏的生活方式即将到来，快餐经营将成为新时代最受欢迎的餐饮方向。

于是，克罗克果断决定投身快餐行业。他迅速与这家快餐店的麦当劳兄弟取得了联系，并成功买下了汉堡包和炸薯条的经营专利。然而，克罗克的这一决定却遭到了家人和朋友的强烈反对，他们认为克罗克已经年过半百，不应该再去冒险尝试新的领域。

但克罗克坚信自己的判断，他认为在决定大事时应该考虑周全，但一旦决定了就要勇往直前，迅速行动。他深知只有通过实践才能验证结果，而不行动则永远无法验证。

不久后，克罗克投资筹建了他的第一家"麦当劳"快餐店。这家店铺的成功运营为他积累了宝贵的经验，也为他后续的扩张奠定了基础。几十年的发展中，克罗克凭借其敏锐的市场洞察力、坚定的决心和果断的行动力，取得了巨大的成功。

如今，人们常常将雷蒙·克罗克与世界著名的石油大王洛克菲勒、汽车大王福特、钢铁大王卡耐基相提并论。克罗克成功的故事向人们完美诠释了一个道理：财富钟情于那些具有行动力的人。一旦决定了目标，就应该迅速行动起来，只有这样，才能抓住机遇，获得财富。

➢ 行动力大于一切 ◈

比尔·盖茨曾说过："我发现，如果我要完成一件事情，我得立刻动手去做，空谈无济于事！"这句话深刻地表明了行动力的重要性。在现实生活尤其是创造财富的过程中，人们常常会遇到各种各样的挑战和困难，面对这些困境，唯有行动才能打开一扇通往成功的大门。

行动力高于一切，这是因为只有当你真正付诸实践，才能够将想法变为现实。无论是创业、学习还是追求个人目标，没有行动作为支撑，一切都只是空中楼阁。正如古人所言："纸上得来终觉浅，绝知此事要躬行。"只有通过实际行动，你才能够不断积累经验、提升能力，并最终实现自己的梦想。

英国人约翰·赛克莱先生被誉为"欧洲最不屈不挠的人"，他不屈不挠的精神源于他16岁那年的一次重大生活变故。那一年，他的父亲离世，留下了沉重的家产管理和家业经营责任。尽管年纪轻轻，赛克莱却勇敢地承担起这份重担，展现出了超乎常人的坚韧和决心。

两年后，赛克莱已经18岁，他居住在英国北方一个偏远落后的小村庄——凯赛尼斯村。这个村庄被人们戏称为"天涯海角"，因为它位于海拔数百英尺高的本·切尔特山上，只有一条狭窄、崎岖、布满岩石的小道与外界相连。这条小道是进出凯赛尼斯村的主要通道，但因为道路条件恶劣，运输货物的商人经常需要付出巨大的努力才能通过。当地人常常开玩笑说，凯赛尼斯村的路直通天堂，就连有翅膀的鸟儿都难以飞过，而农夫们更是将半生的光阴都耗费在了奔波劳碌的路上。

面对这样的困境，年轻的赛克莱决定要改变现状。他立志在本·切尔特山上修建一条宽敞的大路，以改善村民们的生活条件。然而，他的这一想法却遭到了老人们的嘲笑和质疑。他们认为在怪石嶙峋的高山上修路是异想天开、不知天高地厚的行为。但赛克莱并没因此而动摇，他坚信只要付出努力，就一定能够实现自己的目标。

为了实现这个目标，赛克莱迅速行动起来。他召集了大约2000名劳工，准备在夏日的清晨开始修建道路。他亲自带领大家出发，用自己的实际行动鼓舞着每一个人。在赛克莱的带领下，工人们克服了重重困难，经过一段时间艰苦卓绝的劳动，终于将那条原本只有6英里长、充满危险、连马匹都无法通过的羊肠小道，变成了一条马车、货车都能顺利通过的宽敞大路。

这条新修建的大路不仅极大地改善了凯赛尼斯村的交通状况，也为村民们带来了更多的便利和发展机会。赛克莱不屈不挠的精神在这个过程中得到了充分的体现，然而，若是他只有想法没有行动，那么一切都是白搭。

在赛克莱的领导下，凯赛尼斯村经历了翻天覆地的变化。他不仅修建了道路和桥梁，改善了交通状况，还建立了厂房，为村民提供了就业机会。更重要的是，他引进了改良过的耕作技术，鼓励开办农业实体，使得农业生产更加高效。在他的影响下，凯赛尼斯村的农业、水产业和副食业都取得了长足的发展，最终闻名全国。这个曾经默默无闻的小村庄，如今已经成为英国有名的模范村。

然而，赛克莱并没有因此而满足。他深知农业对于国家的重要性，因此积极努力筹划成立国家农业协会。尽管这一想法最初遭到了大家的嘲讽，但赛克莱并没有放弃。他坚信自己的理念是正确的，于是行动起来。他呼吁公众关注农业问题，并获得了大多数有远见的议员的支持。经过不懈的努力，国家农业协会终于成立了，而赛克莱也被任命为协会会长。

这个协会的成立对英国农业产生了深远的影响。它鼓励农民们采用更加先进的耕作技术，提高农作物的产量和质量。同时，畜牧业也得到了协会的关注和支持，英国的畜牧业水平得到了显著提升。在协会的推动下，成千上万亩荒地变成了良田和牧场，村庄呈现出一片欣欣向荣的景象。

除农业和畜牧业外，赛克莱还致力于创办水产业。他意识到水产养殖对于国家经济的重要性，因此，决定圈一个海港从事水产养殖活动。在他的带领下，这个海港逐渐发展成为世界上最大的渔港之一。这里的水产资源丰富，吸引了来自世界各地的商人前来采购。同时，这个渔港也为当地居民提供了大量的就业机会，进一步促进了村庄的经济发展。

在赛克莱的不懈努力下，凯赛尼斯村从一个默默无闻的小村庄发展成了一个充满活力和希望的地方。

约翰·赛克莱先生用自己的行动演绎了自己非凡的人生。他不仅是英国最好的农业基地的经营者，也是金融领域最大的成就者。当美国大使亚当斯来到英国，询问英国最好的农业基地由谁经营时，得到的回答是赛克莱先生；询问英国金融领域最大的成就出自何人之手时，得到的回答还是赛克莱先生。

播下一种思想，收获一种行为；播下一种行为，收获一种习惯；播下一种习惯，收获一种性格；播下一种性格，收获一种命运。这里的"播"，就是行动力；而"收获"则告诉我们：行动力高于一切。

每个人都有自己的理想：开创一家自己的企业、成为一名成功人士，成为一个亿万富翁。然而，要实现这些梦想，仅仅依靠想象和幻想是远远不够的，还需要有赛克莱先生那样的行动力。行动力在实现理想的过程中起着至关重要的作用。

行动力是指一个人将想法转化为实际行动的能力。它不仅仅是一种动力，更是一种决心和毅力的体现。只有拥有强大的行动力，你才能够克服困难、战胜挑战，迈向成功的彼岸。

首先，行动力能够帮助你摆脱纸上谈兵的空谈。很多时候，你会陷入无尽的幻想中，想象着自己成为亿万富翁的那一天。然而，如果你不付诸行动，这些幻想只会停留在脑海中，无法变为现实。只有通过行动，你才能够将理想变为具体的计划和目标，并为之努力奋斗。

其次，行动力能够激发你的创造力和潜力。当你开始行动时，你会发现许多新的机会和可能性。你会不断尝试新的方法和策略，不断学习和成长。这种积极的行动力会让你更加自信和坚定，从而更好地应对各种挑战和困难。

此外，行动力还能够帮助你建立良好的习惯和纪律。成功并不是一蹴而就的，它需要长期的坚持和努力。只有通过持续的行动，你才能够培养出坚持不懈的品质和自律的习惯。这些品质和习惯将成为你实现梦想的重要支撑。

最后，行动力能够让你的梦想最大可能地变为现实。无论是开创一家企业还是成为一名成功人士，都需要你付出努力和汗水。只有通过行动，你才能够逐步实现目标，逐步接近梦想。每一次的行动都是一步向前的迈进，每一次的努力都是一次向成功靠近的机会。

≫ 唯有行动才能实现愿望 ≪

你可能已经有了很多获得财富的底层逻辑，你也许也知道了很多，知道了自己过去的很多想法都是错误的，你明确意识到自己需要改变，但你始终无法实现财富的积累，其中最重要的一个因素就在于：你没有付诸行动。

要想改变，首先得有行动，唯有行动才能带来改变以及实现愿望。

你的认知力得到了提升，就像汽车更新了一套先进的软件系统。然而，这套软件系统并不能载着你在通往目的地的道路上前进，这时就需要行动力出场了。

行动力并不是指单一的动作，而是指一系列动作。这些动作主要围绕去哪儿、怎么去、如何到达等展开。具体来说，行动力包括人们如何更好地设定目标、如何尝试、如何在行进中保持专注、如何灵活应对变化、如何保持耐心以及如何复盘等一系列动作。这一系列动作都是为了让你加速前行，更高效地实现目标。

以我的一段经历为例，我将简要说明如何更好地设定目标。在大学期间，我决定参加一场马拉松比赛。起初，我对长跑并不熟悉，但我意识到设定明确的目标对成功至关重要。因此，我开始制订一个详细的训练计划，包括每天的跑步里程、休息日和饮食安排。我还设定了一个逐步提高的目标，从最初的 5 公里逐渐增加到 42 公里。通过这样的目标设定，我能够有条不紊地进行训练，并在比赛中取得了不错的成绩。

除设定目标外，行动力还包括尝试不同的方法来达到目标。在我的例子中，我尝试了不同的跑步路线和训练方法，以找到最适合自己的方式。我也学会了如何在行进中保持专注，例如，通过听音乐或专注于呼吸来集中注意力。

另外，行动力还包括灵活应对变化。在我训练的过程中，我遇到了一些意外情况，比如，天气突变或个人身体不适。在这种情况下，我学会了调整训练计划，以适应新的情况。我也学会了保持耐心，因为进步是一个渐进的过程，需要时间和努力。

最后，行动力还包括如何进行复盘。每次训练结束后，我会反思自己的表现，找出可以改进的地方，并在下一次训练中加以应用。这种持续学习和改进的过程帮助我不断提高，最终实现了我的目标。

我曾经有一位朋友，他在 2013 年初告诉我："今年，我一定要赚到 100 万！"然而我认为这只是他的一个美好的愿望。因为对一个普通职场人来说，一年就想赚到 100 万像一个白日梦。但我朋友告诉我，设定目标为何不能大胆一些呢？目标中本来就包含对未来趋势的预测和猜想，谁又能保证目标的精准度与合理性呢？就如 1980 年，当美国家用电脑还没普及时，比尔·盖茨便大胆想象每个家庭都会有一台电脑；又如埃隆·马斯克想象人类有一天可以移民火星，你怎么知道他不能成功呢？我认为，如果当初没有一年赚到100万的想法，那么我大概率也很难赚到这么多钱。所以，优化目标的第一个核心要素就是大胆想象。

但如果设定目标时仅有大胆的想象，这个目标也只是空中楼阁而已。想象仅仅是自己描绘的一个蓝图，而蓝图的实现则依赖清晰的路径和战略。因此，更好地设定目标的第二个核心要素便是要有明确的行动方案。

如果我的朋友只是将其停留在脑海而没有实际行动，那么他的这个想法和买彩票中一千万并没有什么本质区别，只不过是一个空想罢了。但幸运的是，我的朋友并没有止步于此。在画出"百万"蓝图后，他开始认真思考如何将这一目标变为现实。当时移动互联网正如日中天，他预见到会有大量资本涌入App赛道，而这些新兴企业将会有大量的推广下载需求。只要能帮他们有效解决推广需求，赚到100万是完全有可能的。

于是，我这位朋友决定抓住这一机会，立刻行动起来。他开始快速整合手头积累的推广资源，对自己微信中的好友进行梳理与分组：谁有推广资源，谁有推广需求，然后再逐个联系，整合供需，为他们"牵线搭桥"。在这一过程中，他不仅锻炼了自己沟通协调的能力，还学会了如何高效地管理项目和团队。

经过不懈的努力，不到一年的时间，他就实现了赚到100万的目标。这一成就不仅让他在经济上获得了独立，更让他对自己的能力和潜力有了全新的认识。他意识到，只要有明确的目标和切实可行的计划，再加上坚持不懈的努力（行动），就能够克服重重困难，最终实现自己的梦想。

有的时候，你以为财富距离你很远，可往往你们之间只是隔了一个东西——行动。

⫸ 不要等到学会了再干，要边学边干 ⫷

在我们的日常生活中，我们不可避免地会遇到一些令人困惑的情况。这些情况通常表现为人们对自己的能力产生怀疑，他们可能会对我说："我对这个问题一窍不通，对那个问题也毫无头绪，我应该如何应对呢？"或者他们可能会表达出这样的忧虑："除了在学校学到的知识，我没有掌握任何属于自己的技能。在这种情况下，我想要实现财富自由，岂不是难上加难吗？"

然而，你必须明白，遇到生活中的挑战和困难并不意味着你应该感到恐慌或绝望。事实上，你并不需要因为自己目前的技能空白而感到惊慌失措。即使你现在觉得自己什么都不会，也不应过于焦虑。相反，你应该相信自己的潜力，并相信自己可以通过学习和实践来提升自己的能力。

首先，你需要明确一点，那就是学习是一个持续的过程。你不应该等学会了所有的知识再去实践，而是应该边学边干、边干边学。这种学习方式可以帮助你更好地理解和应用所学的知识，同时，也能够让你在实践中不断发现新的学习机会。

边学边干、边干边学是一种智慧，也是一种最为可行的方法。因为"这个世界就是一个草台班子"。人非生而知之者，也没有人一出生就点亮了各种技能（比如赚钱技能），而是在实践的过程中，一边学一边点亮。不要妄想等点亮了技能再去赚钱，因为到时恐怕你会等的黄花菜都凉了。再者，学无止境，你永远也不知道自己什么时候才算学好。

我之所以对"这个世界就是一个草台班子"这一说法表示赞同，是因为我观察到在这个错综复杂的世界中，绝大多数的人们并不是在所有条件都完美具备之后才开始采取行动。相反，他们往往是在脑海中涌现出一个想法时，就会立刻着手去实践，而不是坐等所有准备工作都做到尽善尽美。

在这个过程中，他们展现出了一种边做边学的精神，不断地在实践中摸索，不断地对原有的想法进行改进和升级。就像是一个即兴表演的草台班子，在没有完全准备好的情况下也能够上演精彩的戏码。这种行动先行的方式，实际上是一种非常高效的学习和成长的途径。它要求人们在面对未知和不确定性时，勇于迈出第一步，即使这意味着可能会遇到失败或是挫折。但正是这些经历，让个人能够在实践中获得宝贵的经验，学会如何应对各种突发状况，如何在变化中找到最适合自己的发展路径。

在这个过程中，你需要具备一种开放的心态和勇于尝试的精神，你需要愿意接受新事物、新挑战，并从中汲取经验教训。只有这样，你才能够不断进步、不断成长。同时，这种行动先行的方式也要求你具备一定的自我调节能力和自我反思能力（复盘）。你需要在行动中不断调整自己的方向和方法，以便更好地适应环境的变化。同时，你也需要对自己的行动进行反思和总结，以便更好地认识自己、发现自己的优点和不足。

这种"草台班子"式的行事风格，不仅是一种实际的工作方法，更深层次地体现了一种对生活和工作态度的哲学思考。你需要明白，在这个世界上，完美是不存在的，等待所有的条件成熟往往意味着错失良机。比如在现实生活中，你可能常常会遇到各种各样的困难和挑战。如果你总是追求完美，那么很可能会因为害怕失败而不敢迈出第一步。而"草台班子"式的行事风格则鼓励你勇敢地尝试，即使条件并不完美，也要敢于迈出第一步。因为只有在行动中，你才能不断地学习和成长，不断地调整和完善自己的计划和方法。

那些你觉得很厉害的人，往往在一开始的时候，和普通人无异。他们之所以能够取得卓越的成就，并不是因为他们天生就拥有超凡的能力，而是因为他们敢于尝试，敢于面对失败，敢于不断地调整和改进自己的方法和策略。他们懂得，成功并不是一蹴而就的，而是需要经历无数次的尝试和失败才能最终实现的。

这种"草台班子"式的行事风格，也提醒你要珍惜每一次的尝试和努力。因为每一次的尝试都是一次宝贵的经验，都是一次学习和成长的机会。你不能因为害怕失败而放弃尝试，也不能因为一时的挫折而轻易放弃。相反，你应该把每一次的失败都当作一次学习的机会，从中汲取教训，不断地调整和完善自己的方法和策略。

当然有一点也需要注意，这种行动先行的方式并不是适用于所有人和所有情况的。对于一些需要高精确度和严谨性的工作或领域，你仍然需要认真准备、充分规划。但是，在大多数情况下，这种行动先行的方式可以帮助你更快地进入状态、更高效地完成任务。它可以激发你的创造力和想象力，让你更加自信地面对各种挑战和困难。

≫ 在捡西瓜与捡芝麻之间，耐心等待大西瓜 ≪

现如今，很多人可能会认为，这个世界的阶层已经固化了，一个人就算再怎么努力，可能都不如出生在一个富贵家庭。莘莘学子寒窗苦读十几年，不如含着金钥匙出生的人。对于普通人来讲，机会越来越少了。

然而，我想说的是，这样的想法是错误的，至少是有误导性的。实际上，对于普通人来说，机会依然是存在的，只要我们愿意努力、有决心、有勇气，就完全有可能改变自己的社会地位，实现阶层的跃升。因此，你不应该被所谓的"阶层固化"观念所束缚，而应该积极寻找和把握机会，勇敢地追求自己的目标。

而要做到这一点，你首先需要具备长期主义的价值观，同时，你也要对自己以及这个世界有一个清醒的认识。

长期主义，这是一种理念，也是一种对财富积累的理解和态度。它强调的是持续的努力和耐心的等待，而不是期待一夜之间的暴富。这种理念可能会让一些人感到困惑，甚至质疑。他们可能会说，长期主义虽然好，但是速度太慢，会不会让我们错过很多机会呢？

对于这样的疑问，我想说的是，坚持和信奉长期主义的人，他们的眼光往往更加长远，他们能看到那些被短期利益所掩盖的机会。这样的机会，才是真正值得我们去追求的，因为它们能带给我们的，不仅仅是短暂的收益，更是持久的财富。

然而，我们也看到，有些人总是被眼前的蝇头小利所吸引，他们总是急于求成，总是想一夜之间就实现财富自由。这样的人，他们在财富自由之路上，或许能赚到一些小钱，但是，要让自己的财富持续增长，要让自己真正实现财富自由，那是一件相当困难的事。

我将这个世界上的事情简单分为"捡西瓜"和"捡芝麻"。西瓜少但却是真正的机会，并不好找到，需要你保持足够的耐心。而芝麻则随处可见，但只是一些蝇头小利。前者是保证财富稳定增长的前提，后者则是"快钱"，不稳定，也不持久，甚至还有风险。

在商业决策的世界中，不同的思维方式往往会导致截然不同的结果。那些专注于小利、琐碎事务的人，我们可以比喻为"捡芝麻"的人。他们的思维方式往往是短视的，缺乏宏观视角，容易被眼前的小利益所吸引，而忽视了更为重要的长远目标。相对地，那些能够把握大局、关注重要事务的人，则可以被称为"捡西瓜"的人。这类人具有更为开阔的视野，他们不会被眼前的小利所动摇，而是能够将目光投向更远大的目标，从而做出更为明智和有远见的决策。

比如，在职场中，我们常常会遇到一些有趣的现象。有些人，他们总是在寻找更高的薪酬，一旦发现有一个工作岗位的薪资比目前的工作高出一点，他们便会毫不犹豫地选择跳槽。然而，这种决策往往是短视的，因为他们没有全面地比较两个工作所提供的机会和成长空间。这种行为就是典型的"捡了芝麻丢了西瓜"，只顾眼前的小利，却忽略了更为重要的长远利益。

另一方面，还有一些人，他们为了能够积累更多的财富，不惜在繁忙的工作之余，再找一份兼职工作。他们夜以继日地工作，不惜牺牲自己的休息时间和身体健康，试图通过加倍的努力来获得更多的收入。这种做法，同样是典型的"捡了芝麻丢了西瓜"。他们可能会在短时间内增加一些收入，但长期来看，过度的劳累可能会导致身体健康问题，影响职业生涯的持续发展，甚至可能会因为忽视了家庭生活和个人成长，而失去更为宝贵的人生体验。

乔布斯就是一个典型的"捡西瓜"的人。当他重新回到苹果公司时，他面对的是一个产品线庞大而杂乱的局面。公司的资源被分散在大量的项目和产品上，而这些项目和产品大多数是微不足道的"小芝麻"。乔布斯深知，如果继续这样下去，公司将会失去竞争力，甚至面临破产的风险。因此，他采取了一个大胆而果断的行动。

乔布斯开始审视每一个项目和产品，用他的洞察力去识别哪些是真正有价值的"西瓜"。他毫不犹豫地在那些被判断为没有前景的项目和产品上画上叉号，这意味着这些项目和产品将被终止。经过一番筛选，只剩下了寥寥可数的几个项目。乔布斯将这些剩下的项目视为公司的救命稻草，他投入了大量的精力和资源，确保这些项目能够得到充分的发展和推广。

正是这种敢于放弃小利、专注于打造有潜力的"西瓜"的思维方式，使得乔布斯成功地将苹果公司从困境中拯救出来。他精简了产品线，集中了公司的资源，最终使得每一个产品都成了市场上的"西瓜"，为苹果公司带来了巨大的成功。乔布斯的这种思维方式和决策策略，不仅挽救了苹果公司，也使苹果"重生"成了商业世界中一个经典的案例。

专注于提升自己的"捡西瓜"能力，意味着不断学习和实践，以便在竞争激烈的职场环境中脱颖而出。当你的能力得到提升，你在工作中的贡献、所承担的职责以及个人的影响力都可能呈指数级增长。随之而来的，自然是收入的增加，这是对你努力和成长的直接回报。

然而，现实中，专注于追求小利的人远多于那些有远见和决心去追求更大成就的人。如果你决定成为一个"捡西瓜"的人，你必须准备好忍受孤独和不被理解的时刻。有些人可能会抱怨他们没有遇到"西瓜"的机会，但实际上，机会就在那里。问题在于，当一个人的视线被眼前的"芝麻"占据了，忙于捡拾这些小东西时，他们自然就无法看到更大的"西瓜"，也就失去了培养捡拾"西瓜"能力的机会。

有些人也可能会问，虽然理解这个道理，但世界上的"西瓜"毕竟是少数，那么多人忙着捡，自己又为何能那么幸运地捡到"西瓜"呢？

其实，这个世界上的人，就算知道了这个道理，他们在接下来的活动中依然会以捡"芝麻"为主。而唯有智慧的人，才能看到"芝麻"后面的"西瓜"。

因此，不用担心有人跟你抢"西瓜"，因为他们在看到"西瓜"的时候，已经捡了满手的"芝麻"。

第九章

成事——收获果实，努力不白费

▷ 为什么要成事，而不是成功？ ◁

在本书的最后一章，我想告诉大家，当你的思维不断升级之后，你需要做的是成事，而不仅仅是成功。

冯唐在《冯唐成事心法》一书中说："成事跟成功是有区别的，成功不等于成事，成事不等于成功。"

首先，成功无法复制。

成功是一个复杂而多维度的概念，它涉及众多因素和变量，使得其难以被简单复制或预测。每个人的成功之路都是独一无二的，因为每个人的背景、经历和机遇都不同。

成功是无常的，它受到许多不可预测因素的影响。有时，一个人可能在某个领域取得了巨大的成功，但这并不意味着他可以简单地将这种成功复制到其他领域。因为每个领域的规则、竞争态势和文化背景都可能不同，所以成功并不是一个可以简单复制的模式。

而且成功往往是事后的结果，而不是事前的预设。比如，当你回顾过去的成功时，你可能会发现一些共同的因素或行为模式，但这并不代表这些因素或行为模式就是成功的保证。因为在做出这些行为或选择时，你并不能确定它们会导向成功。成功往往是多种因素相互作用的结果，而这些因素在事前很难被完全掌握。

成功不仅仅是个人努力的结果，还受到许多外部因素的影响。有时候，即使你做出了正确的决策和行动，也可能因为运气不佳或其他不可控因素而无法取得成功。

然而成事则与之不同，个人对于成事的把控会更高一点。做好一件事，把事做成了，至少在某一方面来讲要比成功容易许多，可预测性也要高出许多。

简单来讲，成事在人，成功在天。

其次，成事是成功的基础。事成得多了，成功自然也就是副产品。追求成功可能会带来负面影响，而追求成事则基本是安全的。

成功与成事，虽然在概念上有所区别，但它们都是人们追求的目标。成功不仅仅是达成目标，还包含了个人的成长、价值的实现以及对社会的贡献等多个方面。而成事则更侧重于实际成果的取得和任务的完成。尽管成功和成事并不完全等同，但人们都渴望在生活中取得成功，因为成功往往意味着个人的努力得到了回报，生活也因此变得更加充实和有意义。

然而，仅仅追求成功并不一定能带来美好的一生。因为成功的因素中往往包含了许多不可控的"天命"成分，这些因素可能会在关键时刻起到决定性作用。但是，如果一个人过于依赖这些外部因素，而忽视了自身的努力和能力，那么他可能会在某个节点上迷失自我，忘记自己真正的价值和能力。更重要的是，"天命"并非永恒不变，一旦失去"天命"的庇护，他可能就会陷入困境。

此外，持续的成功也可能让人变得自高自大，忽视潜在的风险和挑战。当一个人习惯于成功时，他可能会误以为自己无所不能，从而在面对困难时缺乏应对的准备。因此，持续的成功并不一定是好事，它可能让人失去警惕性，最终导致失败。

相反，如果一个人能够持续地成事，尤其是成好事，那么他的一生无疑是有价值的。即使一生中只成就了一些小事，那也是值得肯定的。因为这样的人生注重的是过程和积累，而不是单纯的结果。通过不断地成事，个人不仅能够提升自己的能力和素质，还能够为社会作出贡献，实现自己的人生价值。

最后，成功也不等同于伟大，伟大也不等同于成功。因此盲目追求成功，可能并不会让我们得到想要的。

当我们谈论成就时，那些独一无二的、前所未有的事情往往被视为伟大的象征。例如，在科学、艺术或体育等领域取得突破性成就的人，他们的成就被广泛认为是伟大的。这是因为他们在世界上独一无二，无人能及。然而，这并不意味着只有这些人才拥有伟大的人生。

事实上，日常生活中的小事也同样重要。一个人可能在日常生活中表现出色，他的人生充满了善良和关爱，但他的成就可能不会被定义为伟大。例如，一个家庭主妇每天为家人准备美味的饭菜，她的成就可能在家庭中被认为是了不起的。这张饼可能是她烙得最好的一张，对于这个家庭来说，这是一个值得庆祝的成就。这样的成事让每一天都变得有意义和快乐。如果每天都能有这样的成事，无论大小，那么这个人就过上了伟大的一生。

在前面的篇章中，我曾提及个人的成功。但我在这里想告诉你的是，与其追求成功，不如追求成事。因为事成得多了，财富自然也就来了。实际上，本书中所有有关成功的内容，都是在说成事。因此，你可以直接将本书中的"成功"理解为"成事"。至于为什么我不直接用"成事"，毕竟大部分人更习惯用"成功"。

➢ 用整体思维拥抱不确定性 ≪

自工业革命以来，生产力的飞速提升为人类带来了前所未有的生活品质。信息化时代的来临，尤其是互联网技术的迅猛发展，更是让一些原本只存在于科幻小说中的场景变为现实。如今，全球数十亿人口被紧密地联系在一起，形成了一个无形的网络。

我们的日常生活中充满了来自世界各地的产品。餐桌上的食材可能来自遥远的国度；闲暇时观看的电视剧可能是美国制作的热门剧集；驾驶的汽车虽然是欧洲品牌，但零部件却可能全部在亚洲生产。这一切都表明，人类已经以各种方式融入了全球化的网络，享受着科技和经济发展带来的便利。

在这个高度互联的世界中，有时会出现一些令人难以置信的事件。例如，中国义乌的小商贩可能因为敏锐的市场嗅觉而成为最早预知美国总统大选结果的人。又如，有人可能在短视频社交软件上偶然遇到了已经多年没见的老同学，从而得以重逢。这些事件虽然看似离奇，但在当今这个充满联系的世界里却并不罕见。

　　随着全球化的深入发展，我们的生活变得越来越丰富多彩。我们可以轻松地品尝到来自世界各地的美食，欣赏到不同国家的电影和电视剧，驾驶着各种品牌的汽车穿梭在城市之间。这一切都得益于科技的进步和经济的发展，让我们能够更加便捷地获取信息、交流思想、分享资源。

　　在全球化的今天，地球上的人类和各种智能体都被紧密地连接在一起，形成了一个巨大的网络。然而，这种紧密的联系也带来了一个新的挑战——"蝴蝶效应"已经不再仅仅是气象学领域的研究课题。在现代社会中，每一个社会、组织乃至个体都可能成为引发巨大变化的"蝴蝶"。一个看似微不足道的行动，可能会对整个人类社会产生深远的影响。全球经济危机、气候变化和传染病的迅速传播都是这一现象的直观例证。

　　除上述挑战外，我们所生活的世界还正经历着前所未有的快速变化，这些变化主要源于技术的进步。在农耕时代，生产方式几千年来几乎没有太大的改变，一门手艺可以代代相传。如果曾祖父是农民，那么曾孙如果没有去参加科考，很可能也会成为一名农民；如果曾祖父是铁匠，那么曾孙自然也可能会成为一名优秀的铁匠。然而，随着工业时代的来临，社会经济每五六十年就会发生一次大变革，因此每个时代的人们所从事的职业都在不断变化。在许多先进的经济体中，100多年前还占绝对多数的农民变成了工人，而在过去的60年间，原来还占据半壁江山的工人数量减少到不足两成，却产生了七成以上从事服务业的劳动者。

　　然而，当我们进入信息社会时，技术的大变革被缩短到十几年甚至更短的时间内就会发生一次。这使得经济社会的大转型变得越来越频繁，企业的生命周期也越来越短。面对这种变革的不仅是企业和从业者，更是生活在这样一个社会中的每一个人。人的生命至多也不过百岁出头，可以想象，在当前这样技术环境变革的速度和程度下，人们几乎一生都在应对这样的变化，稍不留心就可能面临被时代洪流所"抛弃"的危机。这也解释了为什么现代社会中人们的心灵总是被不安所笼罩。

这就是当今人类面对的现实世界，一如在物理的复杂系统中会酝酿出难以预料的混沌现象，这样一个万事万物相关、人人相互联结又迅速变动的世界同样会孕育出不知多少的不可预知与无可掌控。

这就牵扯到了"不确定性"，类似于"人生无常"。我甚至可以这样说：如果你不愿意接受人生无常这件事，那你就无法掌握复杂思维的智慧。"人生无常"这句老话在学术上的概念叫作"uncertainty"，翻译成中文叫作"不确定性"，这个概念在哲学、统计学、经济学、社会学、管理学等学科中都被广泛运用。或许会有人将不确定性和风险混为一谈，但这两者之间其实是有很大区别的，不确定性不等同于风险，风险是可以预估发生概率的，是可以防范的，最常见的防范方法就是买保险，但我们却没有办法规避不确定性。

在当前复杂多变的全球环境中，我们经常遭遇一些出人意料的事件。这些事件就像突如其来的"黑天鹅"和"灰犀牛"，它们给人类社会带来了巨大的冲击。

"黑天鹅"指的是那些难以预测且不同寻常的事件。这个比喻源于欧洲人在澳大利亚发现黑天鹅之前，一直以为天鹅只有白色的观念。然而，当第一只黑天鹅出现时，他们的固有认知被颠覆了。因此，"黑天鹅"成了一个象征，代表着那些超出我们常规认知和预期范围的事件。这些事件往往具有极高的不确定性，而且一旦发生，可能会对我们的社会、经济甚至个人生活产生深远的影响。

"灰犀牛"这个概念是由古根海姆奖获得者米歇尔·渥克提出的，它指的是一种太过常见所以人们习以为常的潜在危机事件。想象一下，当你走在路上，看到远处有一头体形庞大且笨重的灰犀牛。它看起来反应很慢，你可能不会认为它会对你构成威胁。然而，就在你放松警惕的时候，它突然向你冲过来，你可能根本来不及逃跑就被扑倒在地。这就是"灰犀牛"事件的可怕之处。它们虽然可能在爆发前就已经有迹象，但由于它们太过常见，人们往往会忽视它们的存在。一旦这些潜在的危机爆发出来，它们可能会给我们的社会带来灾难性的后果。

随着时代的不断发展，随着世界的连接越来越深，甚至随着人工智能技术的突破，"黑天鹅"和"灰犀牛"的影响力也日益增强，波及范围也不断扩大。

有句话说得好："时代的一粒尘埃，落在一个人的身上就变成了一座山。"这句话或许能够为我们这个时代做一个注解。在这个充满变化的时代里，我们每个人都可能被尘埃压垮，也可能在尘埃中崛起。关键在于我们如何面对这些挑战，如何在困境中寻找机遇，如何在变化中保持自我。

在《整体性思维》一书中，埃德加·莫兰以其独到的洞察力，对当前及未来的人类社会进行了深入的探讨。他指出，全球化的影响已经深入到每个人的生活中，无论他们是否主动参与其中。这种全球性的联系和共同发展，带来了许多积极的变化，同时也伴随着一些负面影响。

首先，全球化使得世界各地的人们更加紧密地联系在一起。信息的快速传播和交流，使得人们能够迅速了解世界各地的动态，从而促进了文化、经济和技术的交流与合作。然而，这种紧密的联系也带来了一些问题。例如，个人主义观念和利己主义的盛行，使得人们更加注重个人利益，而忽视了集体和社会的利益。此外，全球化也导致了原有习俗和文化的衰退，一些地区甚至出现了贫困加剧的现象。

其次，莫兰认为人类的风险意识十分薄弱。这主要是因为我们难以思考整体和部分之间的关系、相互作用及发生复杂性的问题。在全球化的背景下，各种因素相互交织、相互影响，形成了一个复杂的系统。然而，我们往往只关注其中的一部分，而忽略了整体的复杂性和不确定性。这种思维方式不仅存在于大众身上，甚至连政治家、经济学家等所谓的"专家"也不能很好地意识到自身思维中的局限性。

为了应对这些挑战，莫兰提出了整体性思维的理念。他认为，我们应该学会从整体的角度去看待问题，关注各个部分之间的相互关系和相互作用。只有这样，我们才能更好地理解全球化带来的影响，从而采取有效的措施来应对其中的挑战和风险。

莫兰对未来持有一种独特的观点，他并不认为人类社会会像过去那样持续地发展、进步和向上。他相信，未来不再总是如人们期望的那样，变得更加美好。这是因为种种意外事件的出现，使我们逐渐认识到"进步"不再是一个无法抗拒的历史法则。同时，我们也会意识到经济增长和人类一直以来依赖的"合理性"都是有限的。我们需要承认，有些事情是人类无法预测的。

对于未来的看法，莫兰自称为一个"乐观—悲观主义者"。他认为，过分的乐观会使人类忽视风险，而过度的悲观又会使人类失去斗志。因此，在面对未来时，我们应该采取一种具有复杂性的思维方式。这种思维方式是关系性的、网络性的、整体性的和世界性的，它能够帮助人类减少错误（而非完全避免错误）。

需要指出的是，莫兰所说的整体性思维并不是"整体主义"或"关于整体的思想"。因为这两种思想将认识仅仅局限于对一个系统内部整体的认知。而整体性思维则不同，它不仅关注包括人类在内的社会系统

（或国家）的认识，还关注整体系统之间的相互作用。因为在外部环境中，社会系统也只是一个子系统。换句话说，即使世界充满了变幻莫测的因素，人类在中间受到环境条件的制约，但这并不意味着我们没有自身的能动性。

在莫兰看来，未来的世界将是一个充满不确定性和挑战的世界。我们需要摒弃过去那种简单化、线性化的思维方式，转而采用一种更加复杂、多元和全面的思维方式来应对未来的挑战。这种思维方式要求我们不仅要关注局部问题，还要关注整体问题；不仅要关注短期利益，还要关注长期利益；不仅要关注自身利益，还要关注他人利益。只有这样，我们才能更好地适应未来的世界，实现人类社会的可持续发展。只有人类社会整体向上前进，我们个人所能获得的成功与财富才能被尽可能地放大。这就像是在一个水池中，池子越大，鱼才会越多。

此外，莫兰还强调了人类在面对未来时的能动性。他认为，虽然我们受到环境条件的制约，但我们并非完全被动地接受这些条件。相反，我们可以通过自己的努力和智慧来改变这些条件，创造更美好的未来。

面对不确定性，与其躲避（实际上也躲避不了），不如就拥抱它。

≫ 金钱只是做事的副产品 ≪

金钱和所有物质一样，都应遵循物质守恒定律，在各自的领域发挥最大的作用。拥有财富并不是成功的终点，也不是让你从此过上安逸的生活，整天无所事事，享受无尽的美食。这样的生活有什么意义和价值呢？而且，这种生活方式持续一个月就会让人感到厌倦和无聊。

金钱作为一种物质资源，其价值在于能够为人们提供更好的生活条件和机会。然而，如果我们仅仅将金钱视为一种享受的工具，而忽视了其更深层次的意义，那么你可能会陷入一种无意义的循环中。金钱应该被用来创造更多的价值，推动社会的进步和发展。

在驯马界，有这样一位中年男子，他的名字常常与"世界上最好的驯马师之一"这样的赞誉联系在一起。他的财富之巨，足以让无数人羡慕，但他却从未因此改变过自己的生活方式。

每天清晨，当大多数人还沉浸在梦乡中时，他已经在三点半准时起床。对他来说，这早已成为一种习惯，一种深入骨髓的生活规律。他总是第一个到达跑道，迎接那些由他精心训练的马匹。在他的眼中，这些马匹不仅仅是他的工作对象，更是他生活中不可或缺的一部分。

尽管他的财富已经足够让他过上优渥的生活，但他并没有因此放弃早起的习惯。他坚信，只有默默地坚持做自己认为应该做的事，才能在所在行业里取得顶尖的成就。而这种成就，并不仅仅体现在物质上，更多的是体现在精神层面上。

他对工作的热爱，是许多人无法比拟的。他以自己喜欢的方式，做出了杰出的成绩。每一次的成功，都让他对自己的工作有了更深的自我成就感和价值感。在他看来，这才是真正的成功。

想想看，世界上很多富有的人是不是在拥有了巨额财富之后依然在为自己的事业奋斗着？有些人可能对此难以理解，认为"他们都那么有钱了，还这么拼命工作干什么呀？"

实际上，这只是一种因果倒置，并不是因为"他们很有钱"，所以"还在努力工作"，而是"因为他们一直很努力工作"，所以"很有钱"。

因此，对于那些因缺少金钱而感到深深失望的朋友们，我想告诉你们，请不要将金钱看得过于重要。金钱并不是我们生活的终极目标。相反，我们更应该关注自己的兴趣点，选择那些我们真正热爱的领域，金钱往往是我们成事与热爱之后的副产品。

当你投身于自己喜欢的事业时，每一天都充满了动力和热情。你不再只是为了赚钱而工作，而是将工作视为一种享受，从中体验到无尽的乐趣。这种积极的心态和持续的努力，会让你逐渐走向成功。而在这个过程中，金钱作为努力的副产品往往会自然而然地到来。

在追求事业的道路上，你必须明确一点：你的目标不是简单地积累财富，而是要让财富为你的事业服务。你要用财富来推动事业的发展，最终实现自己的人生理想，获得真正的成功。这意味着，即使你一开始资金有限，也要尽可能地将其投入到对事业发展有帮助的方面。

这样的投资不仅能够带来经济上的回报，更能让你在事业上取得更大的成就。你会发现自己的能力和潜力都得到了充分的发挥，你的价值得到了真正的体现。这种成就感和满足感，远远超过了金钱本身所带来的快乐。

我们不妨来看一下阿诺德·施瓦辛格的故事，或许你会对这点更有体会。

施瓦辛格出生于奥地利的一个普通家庭，他的父亲是一位警长。在15岁的时候，身高六英尺一英寸（约为185厘米）、体重只有150磅（约68千克）的他，对健身运动产生了浓厚的兴趣。

他的偶像是美国健美先生力士柏加，一个雄赳赳、气昂昂，肌肉健硕的男子汉。每天，施瓦辛格都梦想着成为像力士柏加那样的人。然而，年轻的施瓦辛格并不是一个只会空谈和做白日梦的人。他明白，要实现自己的梦想，就必须付出努力和行动。

他开始搜集在奥地利可以买到的美国健身杂志。这些杂志对他来说是宝贵的资源，因为它们为他提供了健身的原则和方法。然而，由于语言障碍，他无法直接阅读这些杂志。于是，他开始努力学习英文，希望能够自己读懂这些文章。同时，他也到处请人帮他翻译这些杂志的文章，以便更好地了解健身的原则。

除学习英文和阅读健身杂志外，施瓦辛格还开始做"童工"，用赚到的钱来购买健身器材。他知道，要实现自己的梦想，就必须有一套完整的健身器材来支持他的训练。因此，他不惜一切代价，用自己的努力和汗水来换取这些器材。

在昔日的奥地利，健身运动并未被广泛接受，甚至被视为粗鲁和不雅的行为，那些热衷于此的人常被视作异类。然而，施瓦辛格却对健身怀有强烈的热情和坚定的决心，尽管他的父母对此表示强烈反对，但他的志愿、欲望和意志力都坚如磐石。

面对家人的阻挠和社会的误解，施瓦辛格并未动摇，他坚持自己的理想，追求成为"健美先生"这一目标。即使在被征召入伍后，他依然没有放弃健身，这份执着和热爱令人敬佩。

兵役结束后，施瓦辛格已经荣获了四项"健美先生"的奖项，这些荣誉不仅是对他个人努力的肯定，也是对健身运动价值的重新认识。

在奖金的激励和内心的雄心壮志的驱使下，他给自己的偶像力士柏加写了一封充满热情的信。这封信不仅表达了他对健身的热爱和对柏加的敬仰，还透露出他渴望学习更多健身技巧的决心。

柏加被这位遥远国度的年轻人所打动，决定邀请他到自己位于美国的豪宅一游。在那里，柏加亲自指导他，将多年的健身经验和技巧毫无保留地传授给他。这次与偶像的亲密接触，让施瓦辛格的健身水平得到了飞速提升，仿佛一日千里。

这次美国之旅，在施瓦辛格心中点燃了一团永不熄灭的火焰。他决心要前往南加州，这个当时被誉为"健身圣地"的地方，去追求更高的荣誉和成就。他的热忱和才华得到了美国健身界"教父"韦特的认可，韦特答应让他在南加州接受更加专业的训练。

在南加州，施瓦辛格开始了更加刻苦和专业的训练。他的肌肉逐渐变得更加强壮和饱满，他的技艺也日益精湛。随着时间的推移，他的名声开始在美国健身界传开，越来越多的人开始关注这位来自异国他乡的年轻人。

最终，施瓦辛格的努力和才华得到了广泛的认可和赞誉。他先后获得了一届国际先生、三届环球先生以及连续六届奥林匹克先生的荣誉。

同时，施瓦辛格在演艺界也取得了显著成就，他不仅是一位备受瞩目的电影演员，还是一位有地位的电影制片人。这一切的成功都源于他早期的投资和努力。

首先，施瓦辛格将有限的金钱用于健身锻炼，这一决定为他日后的演艺事业打下了坚实的基础。

其次，施瓦辛格还具有商业头脑和远见卓识。他早年经营地产时积累了一定的财富，但他并没有满足于此。相反，他将这部分资金用于投资电影制作，这一决策为他带来了更大的成就。作为电影制片人，他不仅能够掌控电影的创作方向，还能够为观众带来更多精彩的作品。

正是这些早期的投资和努力，使得施瓦辛格在演艺界取得了巨大的成功。他的事业成就不仅体现在他个人的成就上，更体现在他为电影行业作出的贡献上。如今，他的动产和不动产价值高达 10 亿美元，这是他多年辛勤工作和智慧投资的结果。

你看，施瓦辛格并不是一开始就奔着"金钱"去的（无论是健身还是拍电影），而是在朝着目标努力的同时，各种奖项、荣誉与金钱自然而然地落到了他头上。

≫ 行百里者半九十 ≪

许多人在开始一项任务时，总是充满热情和认真，但随着时间的流逝，他们的热情逐渐消退，态度也逐渐变得懒散。特别是在任务接近尾声时，他们往往会采取一种"差不多就行了"的心态，对最后的工作草率处理，不再追求完美。

虽然我不是一个完美主义者，也并不提倡完美主义。但我坚信，在做任何事情时，坚持一定程度的完美主义是有益的。至少我们应该确保任务能被完整地完成，而不是留下一些未完成的细节或小尾巴来敷衍了事。

古人曾说："行百里者半九十。"说的是一百里的路，它的一半是五十里吗？并不是，而是九十里。然而，这句话还有另一层含义，即在一百里的旅程中，有一半的人只会走到九十里的地方，然后就放弃了。

无论是哪种解释，这句话都向我们传达了一个信息：在一百里的旅程中，随着距离的增加，难度也会逐渐增大，许多人会在中途选择放弃。

然而，你不能因为困难而轻易放弃。正如古人所说，真正的挑战是在最后的十里路上。这最后的十里路可能充满了困难和挫折，但你并不能用"差不多"的心态就完成。因为长此以往，你就真的成了一个"差不多先生"，这是一种不认真的态度。试想一下，你都如此不认真了，财富还会对你认真吗？

在我大学毕业后不久，我深刻地理解了一句话："用98%的精力完成最后2%的工作。"当时，我是一名外贸录入专员，负责将产品信息录入到亚马逊等国外网站上。每当我拿到一件产品，我需要先拍照，然后上传相关资料。起初，任务相对简单，我能迅速完成。然而，上传后还需要等待平台的审核，有时上传的产品信息会因为照片不清晰或产品数据不完整等原因而被退回。

通常，在上传完资料后，我会认为一切顺利，于是开始上传其他产品的信息。但不久后，我发现有些产品的信息被打回，而我却没有及时关注到站内信。这种情况多次发生后，我的上司注意到了这个问题，并找我进行了一次谈话。他告诉我："你不是粗心，只是你没有意识到，一件产品的信息并非在你上传后就结束了。你还需要等待平台的审核，对于不合格的产品信息，你需要根据平台提出的要求进行修改，这才是你工作的最后一步。"

随后，他对我说："用98%的精力完成最后2%的工作。"这句话让我深受启发，一直铭记至今。

从那以后，我开始改变工作方式。我不再仅仅满足于上传资料，而是更加关注后续的审核过程。每当有产品信息被退回时，我会仔细阅读平台的反馈意见，并尽快进行相应的修改。我明白，只有通过审核，我的工作才算真正完成。

你负责的每项工作都是如此，无论是达到季度销售业绩，还是为孩子举办以马戏团为主题的生日宴会，总有人指望你完成某件事。那些被我们寄予厚望，被我们信任，被我们追随的人都难免身肩重责。

成功完成目标，跨越终点线，是获得认可和尊重的关键所在。这不仅能够赢得他人的信任和尊敬，还能收获更多的机遇和财富。然而，如果你能力不足，无法完成任务，那么你所有的努力都将付诸东流。无论你的教育背景多么优秀，人脉关系多么广泛，或者性格多么和善，都无法弥补你在办事能力上的不足。

的确，最后的 2% 往往是最具挑战性的，这也是为什么有那么多人在关键时刻选择放弃，或者半途而废。然而，真正的成功者却能够坚持到最后。面对最后的挑战，他们更加专注，意志坚定，绝不允许自己有丝毫的懈怠或犹豫。

当然，成功的道路绝不是一帆风顺的。你可能会遇到各种挫折和失败，但这正是考验你意志和决心的时刻。只有勇敢地面对困难，坚持不懈地努力，你才能够最终实现自己的目标和梦想。

成功之路，是一条需要坚定信念和不懈努力的道路。要想在这条路上走得更远，就必须有决心跨过那最后的终点线。真正的赢家，并不是那些只会空谈梦想的人，而是那些能够用实际行动证明自己价值的人。他们知道，所谓的"现实"，其实就是达成自己设定的目标。

对于很多人来说，完成了 98% 的任务就已经足够了，剩下的 2% 在他们眼中似乎并不重要。然而，真正的赢家却不会这样想。他们会认真地去完成那剩下的 2%，因为他们深知，在比赛的最后关头，往往才是分出胜负的关键时刻。只有将任务做到 100%，才真正达成了目标。这个世界不需要那些半途而废的人，它需要的是那种能够将 98% 的努力转化为 100% 成果的实干家。如果你在最后关头选择放弃，那么输掉的不仅仅是你自己，还有整个世界对你的期待。

这个世界需要的是那些能够坚持到底、把事情做完的人。成功者都曾体验过实现梦想时的那份喜悦和满足，为了那个目标，他们愿意付出比别人更多的努力和汗水。他们明白，一切都只能靠自己，别人或许可以提供帮助和支持，但最终能否成功还是要靠自己的努力。如果中途放弃，那么之前所有的付出都将化为泡影，他们也没有机会去欣赏那独属于成功者的风景了。

成功并不是一蹴而就的，它需要你不断地努力和积累。每一个成功者的背后都有无数次的失败和挫折，但他们从不曾放弃过自己的梦想和追求。他们知道，只有坚持不懈地努力，才能最终实现自己的目标和梦想。而当你真正达到那个目标时，你会发现之前所有的付出都是值得的。那种成就感和满足感会让我们更加坚定地走下去，继续追求更高的目标和更美好的未来。

唯有成事，方能成功。

≫ 你永远有机会 ≪

本书的最后，我想跟你分享一些自己的感悟与心得。

首先，我知道现在很多人都处于焦虑的状态中，如对金钱的焦虑、对人生意义的焦虑、对自我的焦虑等。这种焦虑，我能懂，因为我也曾为此焦虑过。

在这个世界上，似乎别人对我们的评价很多时候都局限于"我们有没有钱"以及"我们的收入是多少"，如果我们很有钱或收入很高，那么别人就会对我们高看一眼，认为我们很有能力。反之，他们就会认为我们没什么出息。

然而，这种看法未免有失偏颇。这可能是我们焦虑的一个主要原因。

在赚钱，或财富积累的道路上，我知道你很急。但我还是要告诉你，不要急，因为"欲速则不达"，因为"心急吃不了热豆腐"。在决定赚钱之前，你首先要做的就是清理自己的头脑，将那些有害的思想剔除掉，然后重新输入有价值的思想，从底层重塑一个全新的大脑，或思维方式。

荀子曾曰："君子生非异也，善假于物也。"在现代社会，思想与头脑是我们最有利的工具，它能帮我们提高效率，也能助我们平步青云。

其次，我还要告诉你，不要和别人攀比。

每个人的出身都是不同的，有些人一出生就含着金钥匙，然而这毕竟只是少数人。大部分人是和你我一样的普通人，没有三头六臂，也没有任性与随意挥霍的资本。至于你为什么会觉得大部分人过得比你好、比你有钱，其中最主要的一个原因是互联网上能够传播的都是那些富人的生活（或摆拍），但其实未必是真实的。

因此，建议你不要去和别人攀比，你需要做的，是将所有的精力与注意力都聚焦到自己身上，去多读书，去提升自己的能力，去寻找自己的机会，而不是整天抱着手机欣赏别人"有钱"的生活，那和你没有任何关系。

想赚钱？可以。去做事，现在！立刻！马上！不要有任何幻想！你只有行动起来，才能不断吸引财富。

最后，是我对各位读者的祝愿。希望各位都能实现财富自由。

与君共勉，不虚年华。